주식,
낙폭과대주
이것만 기억하자

신현식 지음

주식, 낙폭과대주 이것만 기억하자

1판 1쇄 발행 | 2023년 2월 8일

지 은 이 | 신현식
펴 낸 이 | 이성범
펴 낸 곳 | 도서출판 타래
교정 · 교열 | 박진영
표지 디자인 | 이진호
본문 디자인 | 권정숙

주소 | 서울특별시 영등포구 양평로30길 14, 911호(세종앤까뮤스퀘어)
전화 | (02)2277-9684~5 / 팩스 | (02)323-9686
전자우편 | taraepub@nate.com
출판등록 | 제2012-000232호

ISBN 978-89-8250-157-9 13320

- 이 책은 저작권법에 의해 한국 내에서 보호를 받는 저작물이므로
  무단 전재와 무단 복제를 금합니다.
- 값은 뒤표지에 있습니다.
- 파본은 구입한 서점에서 교환해 드립니다.

신현식이 알려주는 낙폭과대주 1:1 레슨

주식, 낙폭과대주 이것만 기억하자

신현식 지음

▸ 왜 낙폭과대주 매매해야 하는가?
▸ 분할매수만 잘하면 성공 투자할 수 있다
▸ 확률로 투자하는 낙폭과대주

도서출판 타래

머리말

이 책은 주식투자에서 실패하는 분들께 20년 동안의 저희의 낙폭과대주 매매 노하우를 전수하기 위해 발간되었습니다. 주식투자는 항상 리스크가 큰 투자 분야입니다. 투자에 앞서 철저한 분석과 검증을 통해 주식투자에서 성공하시길 기원하며 이 책을 썼습니다. '주식투자로 어떻게 돈을 벌지?', '지금까지 주식투자에서 왜 수익이 안 나는 걸까?' 이런 궁금증이 생기는 구독자님께서는 이 책을 정독하시길 당부드립니다.

주식투자에는 원칙이 필요합니다. 가장 위험한 것은 원칙이 없는 투자입니다. 예를 들어 상승장과 하락장에서의 매매 스타일을 찾아 그에 맞는 투자원칙을 수립해야 합니다. 상승장에서는 대부분 기법이 맞습니다. 여기서 특히 초보 투자자분들이 오해하시는 경우가 많습니다. '내 기법이 대단해 수익이 나는 것이다. 몇 년 후 나는 부자가 되어 있을 것이다.'라고 혼자 생각합니다. 상승장은 여러분에게 기회를 줍니다. 상승장에서는 최대한 길게 가져가는 매매를 해야 하고 하락장에서는 쉬어가는 것이 정답입니다. 하지만 막상 실전에서는 매매를 쉬어야 할 타이밍인데도 온종일 컴퓨터 앞에 앉아 매매를 지속하는 실수를 저지르곤 합니다. 그러므로 시장 상황에 맞게 여러분 스스로 원칙을 정해 실천하셔야 합니다.

필자는 장중 매매하는 습관을 고치기 위해 원칙을 세워 실천하려고 1년 동안 노력했지만 생각처럼 쉽지 않았습니다. 그 결과, 장중 매매를 안 하기 위해 선택한 방법은 오전 매매가 끝나면 컴퓨터 앞에서 떠나는 것이었습니다. 주식시장은 머리로는 생각하는데 실천이 안 되는 경우가 허다합니다. 독자 여러분도 자신이 정한 원칙은 무슨 일이 있더라도 철저히 지키시길 바랍니다. 이것이 성공투자의 첫 번째 원칙입니다.

이 책은 초보 투자자보다 중급 투자자로서 시장에서 지속적인 손실로 고통받고 있는 분들과 주식시장에서 살아남아 성공하길 간절히 원하시는 투자자분들을 위한 책입니다. 특히 저자는 20년 이상 낙폭과대주 한 우물만 분석해 매매기법을 완성했습니다. 시장 보는 법과 낙폭과대주 매매법을 수록했습니다. 이 책을 통해 한 가지 기법을 확실히 마스터하신다면 성공투자에 큰 도움이 되리라 확신합니다. 시장에서 버티고 살아남으면 성공할 기회는 많습니다. 특히 시장 보는 법, 낙폭과대주 매매 기법 부분을 정독하셔서 자기 것으로 만드시길 바랍니다. 성공투자를 바라는 모든 분들께 이 책을 바칩니다.

차례

머리말 __ 4

CHAPTER

금리와 시장 분석

1. 금리를 봐야 하는 이유 __ 18
2. 고금리 시장에서의 주식투자 대응 전략 __ 20
3. 연준의 기준금리 피크아웃 시점 전에 주식을 사야 하는 이유 __ 25

CHAPTER

시장 보는 법

1. 코스피 시장의 고점 및 저점 분석 ___ 33
- 키움증권 계좌 개설   33
- 코스피 지수 고점 및 저점 설정하기   38
- 코스피 지수 설정하기   43

2. 코스피 시장 분석에 따른 종목 순환매 ___ 51
- 순환매 테마 확인   51
- 테마종목 - 테마그룹별 구성종목   52
- 코스피 변곡점에서 매수하기   56

3. 코스닥 시장의 고점 및 저점 분석 ___ 60
- 키움증권에서 코스닥 지수 설정하는 방법   60
- 키움증권에서 코스닥 지수에 RSI 보조지표 추가하는 방법   62
- 코스닥 지수 RSI 매수 포인트   67

4. 코스닥 시장 분석에 따른 종목 순환매 ___ 68
- 네오위즈홀딩스 매수 포인트   68
- 컴투스홀딩스 매수 포인트   69
- 조이시티 매수 포인트   70

5. 시장 분석을 하는 이유 ___ 71

CHAPTER

낙폭과대주 매매

1. 낙폭과대주 정의 ___ 74

2. 낙폭과대주 선정 방법 ___ 75
- 낙폭과대주 첫 번째 선정 방법　75
- 낙폭과대주 두 번째 선정 방법　79

3. 낙폭과대주 매매 시 주의사항 ___ 80
- 제3자 유상증자　80
- 감사의견 비적정(지티지웰니스)　80
- 배임・횡령(휴센텍)　82
- 감사보고서 미제출(엔지스테크널러지)　83

4. 중・소형주 낙폭과대주 매매하는 방법 ___ 84
- 분할매수　84
- 중・소형주 낙폭과대주 매매기법　85
- 종목선정 조건　85
- 매수・매도 조건　86

5. 우량주 낙폭과대주 매매하는 방법 ___ 102
- 우량주 낙폭과대주 매매기법　102
- 종목선정 조건　102
- 매수・매도 조건　103

6. 우량주 낙폭과대주 매매와 중・소형주 낙폭과대주 매매의 차이점 ___ 116

7. 테마주 낙폭과대주 매매하는 방법 ___ 117
- 테마주 낙폭과대주 매매란?   117
- 테마주의 종류   117
- 테마주의 강도   118
- 테마주 매매 요약   118

CHAPTER

재무제표

1. 재무제표의 정의 ___ 142

2. 재무제표의 구성 ___ 143
- 재무상태표   143
- 손익계산서   143
- 현금흐름표   144
- 이익준비금   146
- 매출(Sales)   146
- 매출채권(Account Receivable)   147
- 매출채권 회전율   153
- 자본잠식   154
- 자본잠식 해결 방법   155
- PBR(주가 순자산 비율)   155
- PER   157
- ROE   158
- 부채비율   159

CHAPTER 5

우량주 낙폭과대주

- 시가총액 100위 종목, 저점에서 매수하기　162
- 매수·매도 조건　162
- 매수 포인트　167
- 매도 포인트　168

CHAPTER 6

하락장에서 수익 내기

- 인버스 투자하기　176
- EFT란?　176
- EFT의 종류　177
- 인버스의 정의　177
- 인버스의 종류　177
- 인버스에 투자하는 이유는?　178
- KODEX200 선물 인버스 2×란?　178
- 인버스 개설하는 방법　182

CHAPTER 7

주봉상 낙폭과대주 매매

- 주봉상 낙폭과대주 매매란?   188
- 주봉 매매   188
- 코스피 시가총액 1위 종목, 주봉에서 매매하기   196
- 코스닥 시가총액 1위 종목, 주봉에서 매매하기   196

CHAPTER 8

단타매매

- 단타매매란?   206
- 단타매매의 종류   207
- 단타매매의 특징   207
- 단타매매의 장점   208
- 단타매매의 단점   208

CHAPTER 9

분봉상 낙폭과대주 매매

- 매수 조건   212
- 이동평균선   212
- 이동평균선의 종류   212
- 단기 이동평균선   213
- 중기 이동평균선   213
- 중·장기 이동평균선   214
- 장기 이동평균선   214
- 정배열 및 역배열   215

CHAPTER 10

분봉상 낙폭과대주(단타) 매매기법

- 매수 조건   218
- 매도 조건   218
- 예시   220

CHAPTER

뉴스를 이용한 매매

1. 호재 및 악재 ___ 224

- 호재 뉴스의 예(무상증자)　224
- 악재 뉴스의 예(유상증자)　229
- 유상증자 모집 형태　229
- 뉴스매매는 현 시장에서 급등하는 뉴스　236

CHAPTER

외국인 및 기관의 매매 동향 확인하기

- 우리투자증권 회원가입　238
- HTS 설치하기　240
- 외국인 및 기관의 매매 동향 속보 시간별로 분석하기　242

CHAPTER

환율과 주식의 관계

- 환율의 결정과 변동　248
- 환율 상승 요인　249
- 환율 하락　249
- 환율 변동이 미치는 영향　250
- 환율과 주가　250

CHAPTER

2023년 유망업종

1. 게임주 —— **254**
2. 통신업종(5G) —— **258**
3. 조선업종 —— **266**

CHAPTER

2023년 관심주

1. 크래프톤 ___ 272

2. 셀트리온 ___ 281

3. 천보 ___ 287

신현식 낙폭과대주 유튜브 이용 안내 ___ 293

주식, 낙폭과대주
이것만 기억하자

CHAPTER

금리와 시장 분석

PART 1

금리를 봐야 하는 이유

💰 금리 용어정리

'금리'란 빌려준 돈이나 예금 따위에 붙는 이자나 그 비율을 말합니다. 쉽게 말해 돈을 빌리는 데 드는 비용입니다. 저금리 상황에서는 돈을 빌리려는 수요가 증가하고 고금리 상황에서는 반대로 돈을 빌리려는 수요가 감소합니다. 즉, 저금리 상황에서 시장에 돈이 많이 풀리면 '유동성이 풍부하다'라고 표현합니다. 유동성이 풍부해지면 경제 주체들이 풍부한 유동성을 이용해 코인, 주식, 부동산 등의 자산에 투자하는 경향이 높아지면서 자산 가치도 상승합니다.

2020년 코로나 팬데믹 상황 이후 초저금리 시대가 왔습니다. 금리 인하로 인해 개인이 돈을 빌려 경기를 부양하고 경제를 다시 살릴 것으로 기대하고 돈을 많이 풀었습니다. 각국 중앙은행은 대표적으로 금리 인하를 통해 경기를 부양합니다. 시중에 유동성이 풍부해지면 가계와 기업의 소비가 증가해 경기가 회복됩니다.

금리가 인상되면 경기가 위축되고 시중 자금이 안전자산인 미국 국채와 예금 등으로 흘러 들어가면서 시중에 풍부했던 유동성이 축소되는데 특히 코인, 주식, 부동산 투자자금이 안전자산 쪽으로 이동해 자산 가치 하락과 폭락이 발생할 수 있습니다.

반대로 금리가 인하되면 시중에 유동성이 풍부해지면서 저금리로 가계와 기업은 대출을 일으켜 신규 사업투자를 늘리고 풍부한 유동 자금이 코인, 주식, 부동산 시장에 유입되어 자산 가치가 상승합니다.

PART 2

고금리 시장에서의 주식투자 대응 전략

금리가 오르면 주식시장에 투자된 자금이 안전자산 쪽으로 빠르게 이동합니다.

국채, 달러, 예금, 적금

2015년 12월, 금리 인상 시작
2016~2018년 총 9회에 걸쳐 2.25%의 금리 인상이 있었습니다. 2015년부터 금리 인상이 시작되면서도 주식시장은 점진적인 상승 추세를 유지했습니다.

다음은 과거 미국의 기준금리 인상 추이 그래프입니다.

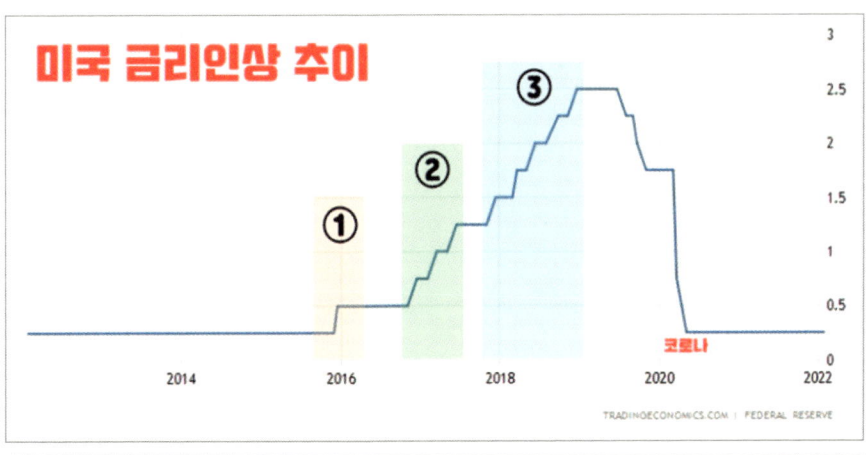

그림 1 세런 이야기 블로그 인용

그림 2 세런 이야기 블로그 인용

금리 인상 초반, 금리 인상에 대한 우려로 단기적으로 하락했지만 중·장기적으로 상승 추세 유지

과거에는 기준금리 인상 초반, 주가가 단기 하락했지만 상승 추세를 유지했습니다. 2015~2018년 총 9회에 걸쳐 미국 연준은 기준금리를 2.25%

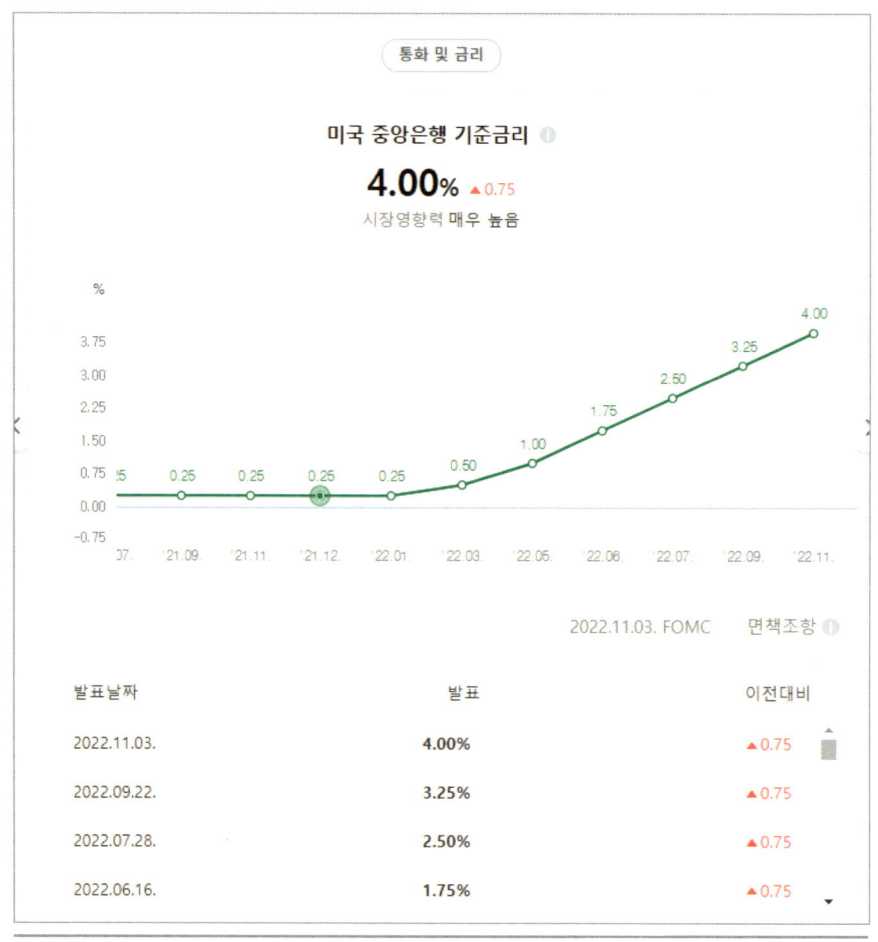

그림 3

까지 완만히 인상했습니다. 2022년 11월, 미국 연준의 기준금리는 4%입니다. 과거 3회에 걸쳐 2.25% 기준금리를 인상했습니다. 2022년 1월, 0.25%이던 금리는 10개월 동안 4%까지 급격히 인상되어 자산 가치의 급락을 가져 왔습니다.

    2022년 3월 17일, 0.25% 금리 인상
    2022년 5월 5일, 0.5% 금리 인상
    2022년 6월 16일, 0.75% 금리 인상
    2022년 7월 28일, 0.75% 금리 인상
    2022년 9월 22일, 0.75% 금리 인상
    2022년 11월 3일, 0.75% 금리 인상

지난 10개월 동안 3.75% 금리 인상에 따른 주식시장의 급격한 하락

고금리 시장에서는 향후 금리 피크아웃을 예측한 후 단기 투자가 아닌 중·장기 투자를 해야 하며 향후 금리 피크아웃 이후 금리 인하에 따른 성장주 투자전략이 유효해 보입니다.

금리 피크아웃 시기 예측

2023년 2분기쯤 연준의 기준금리는 최대 6% 이하가 될 것으로 예측됩니다. 2022년 12월이나 2023년 상반기에 그동안 금리 인상에 따른 피해주였던 게임, 제약·바이오, 플랫폼 기업 주식에 중·장기 투자해야 합니다.

특히 반대 급부로 금리 인상 수혜주인 은행·보험은 투자 매력도가 낮아지므로 지수 대비 상승폭이 작을 것으로 보입니다.

결론

고금리 시장에서 주식투자는 연준의 기준금리 피크아웃 예측 후 3개월 전에 성장주에 장기 투자하는 전략이 유효합니다.

PART 3

연준의 기준금리 피크아웃 시점 전에 주식을 사야 하는 이유

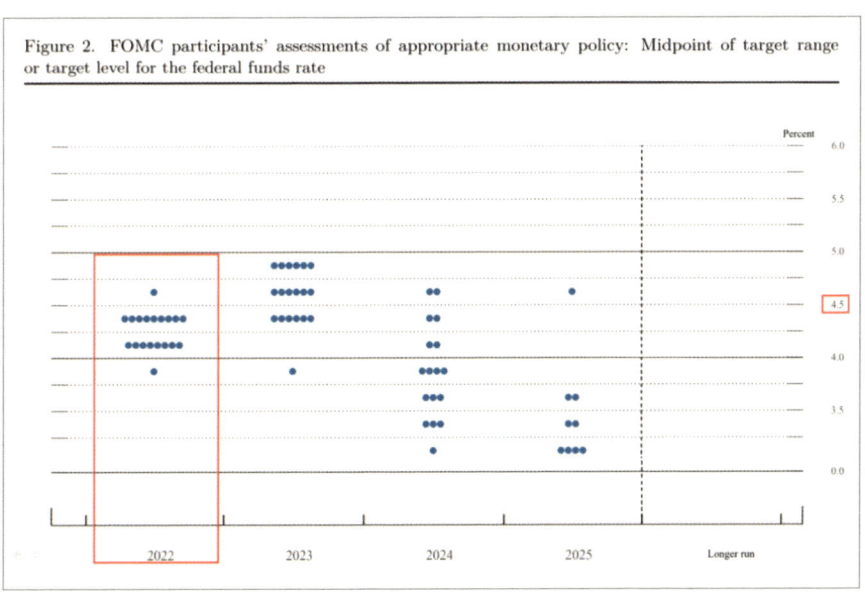

그림 4

2022년 FOMC 정책금리 점도표 예측 지표입니다. 2022년 연준의 기준금리 전망치는 최종 4.5%로 예상됩니다. 연준 점도표의 최고 상향 기준금리 목표는 5%로 전망하고 있으며 향후 정책금리는 최소 5%를 상회할 것으로 보입니다.

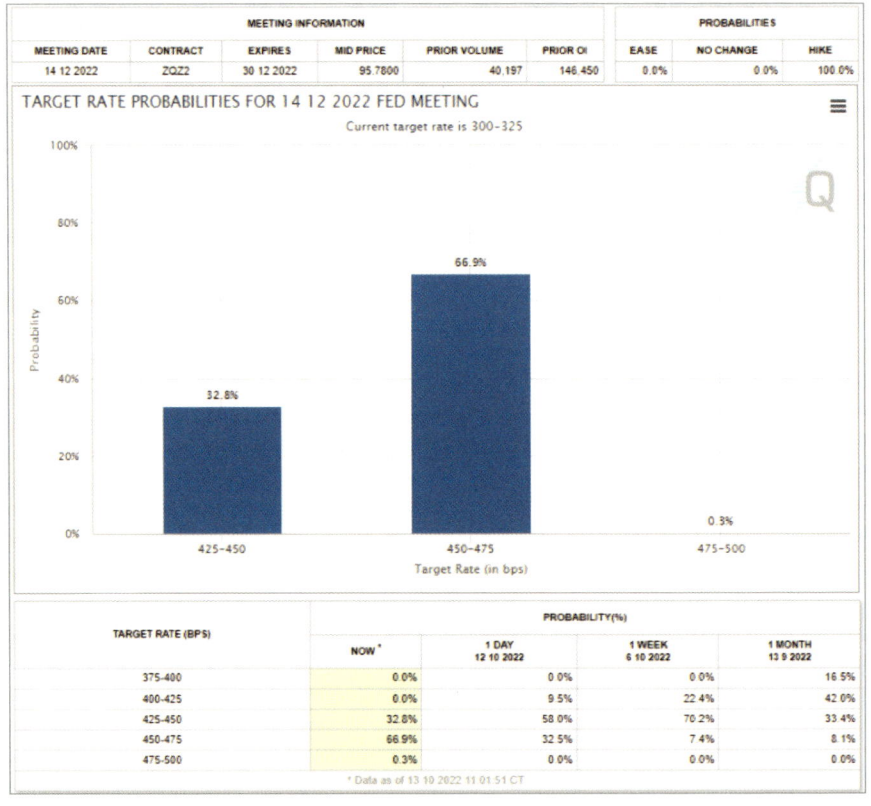

그림 5

2022년 12월, FOMC 미국 기준금리 확률 4.5~4.75%

2022년 최종 기준금리는 4.5%가 될 가능성이 큽니다. 66.9% 확률로 예측하고 있습니다.

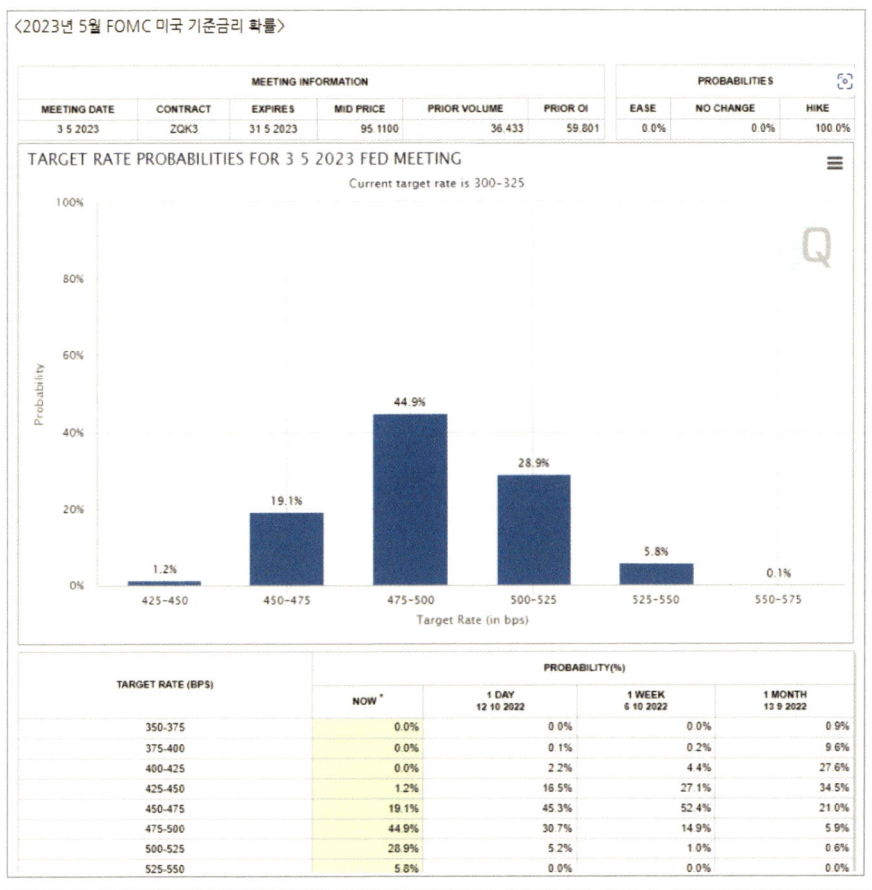

그림 6

자, 우리는 2023년 연준의 기준금리 최종 목표 수치와 그 시기에 주목해야 합니다.

2023년 5월, FOMC 기준금리 4.75~5% 확률 44.9%

2023년 5월, FOMC 기준금리 5~5.25% 확률 28.9%

2023년 5월, FOMC 기준금리 5.25~5.5% 확률 5.8%입니다.

2023년 5월까지 연준의 기준금리는 최소 5% 이상일 가능성이 크며 향후 미국 소비자 물가지수(CPI: Consumer Price Index) 하락에 따라 긴축 조절될 가능성이 큽니다.

미국 소비자 물가지수 추이

2022년 1월, 7.5%

2022년 2월, 7.9%

2022년 3월, 8.6%

2022년 4월, 8.2%

2022년 5월, 8.5%

2022년 6월, 9.0%

2022년 7월, 8.5%

2022년 8월, 8.2%

2022년 9월, 8.2%

2022년 10월, 7.7%

2023년 미국 소비자 물가지수 하락 시 기준금리 전망치입니다. 필자는 2023년 미국 소비자 물가지수가 최종 6% 이하일 경우, 연준의 기준금리 인상 속도가 상당히 둔화될 것으로 판단합니다. 주식투자 시 미국 연준 기준금리의 기준이 되는 CPI를 참조해야 하며 2023년 3월 이후에는 미국 소비자 물가지수가 6%대에 진입할 가능성이 큽니다. 긴축 정책보다 향후 소비자 물가지수 하락 추이를 봐가며 장기 금리를 동결할 가능성이 큽니다.

결론

연준 기준금리가 5% 이상이거나 미국 소비자 물가지수가 6% 이하일 경우, 적극적인 주식 매수로 장기 투자해야 합니다. 그 시기는 2023년 상반기가 될 가능성이 큽니다.

주식, 낙폭과대주
이것만 기억하자

CHAPTER 2

시장 보는 법

시장 보는 법을 왜 배워야 하는지?

주식투자의 기준이 필요하므로 우리는 시장 보는 법을 먼저 배워야 합니다. 미국 시장이 3% 이상 급락할 경우, 다음 날 국내 코스피, 코스닥 시장의 시초가가 갭하락할 가능성이 큽니다. 반대로 미국 시장이 3% 이상 급등할 경우, 다음 날 코스피, 코스닥 시장은 시초가에 급등할 가능성이 큽니다. 단기 스윙 투자할 경우, 현재 지수가 상승할 가능성이 큰지, 하락할 가능성이 큰지 기준을 정해야 급변하는 주식시장에서 원활한 대응이 가능합니다.

이 책에서 가장 중요한 내용입니다.

PART 1

코스피 시장의 고점 및 저점 분석

- 키움증권 계좌 개설

키움증권 HTS 기준으로 설명드리겠습니다. 우선 키움증권 계좌를 개설하시면 됩니다. 계좌가 없더라도 준회원 가입으로도 HTS 사용이 가능합니다.

그림 7

네이버에서 키움증권을 검색한 후 키움증권 사이트에 접속합니다.

그림 8

키움증권 사이트 좌측 상단 '회원가입'을 클릭하시면 됩니다.

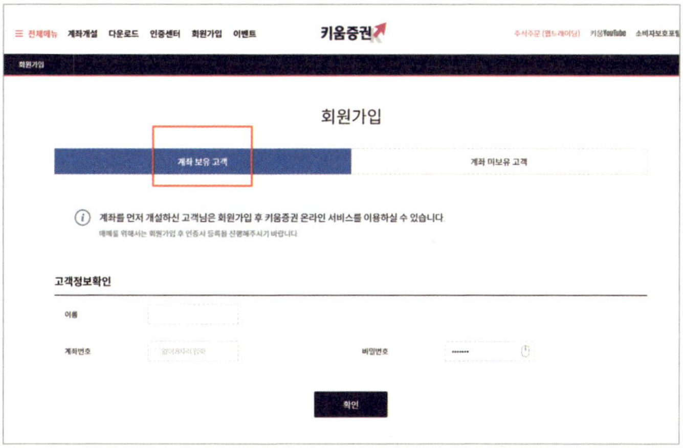

그림 9

회원가입을 클릭하시면 좌측 상단 계좌 보유 고객과 계좌 미보유 고객에서 계좌가 없는 분들은 계좌 미보유 고객을 클릭하세요.

그림 10

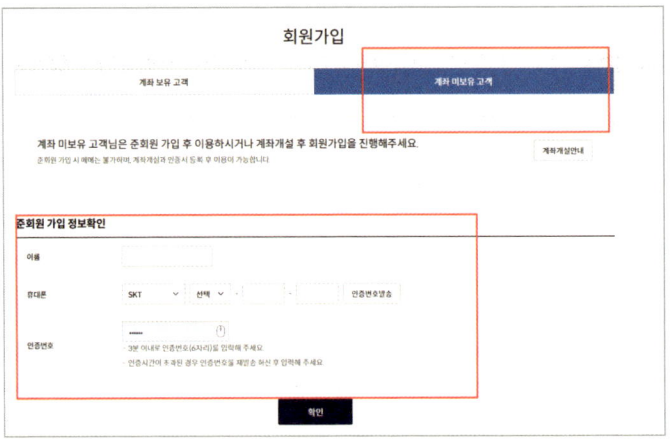

그림 11

이름, 휴대폰 번호, 인증번호를 입력한 후 인증하시면 됩니다.

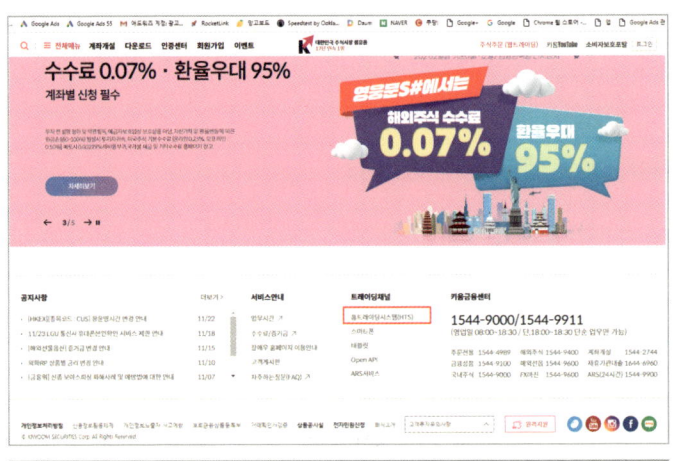

그림 12

키움증권 회원 가입 후 사이트 하단 홈트레이딩 시스템을 클릭한 후 HTS 다운로드를 받으세요.

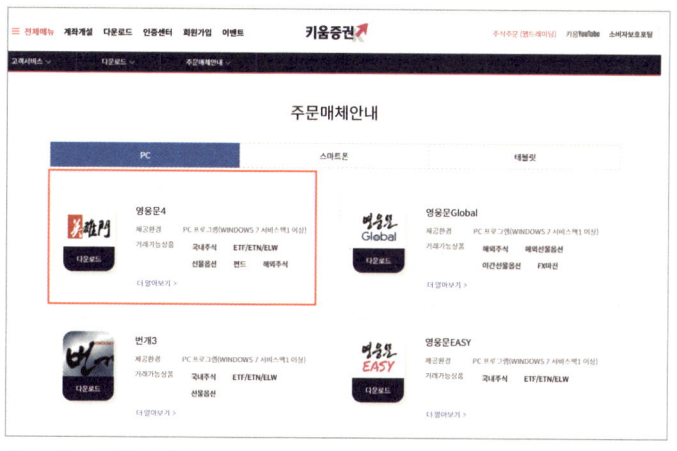

그림 13

PC 버전 영웅문4를 다운로드받으시면 됩니다.

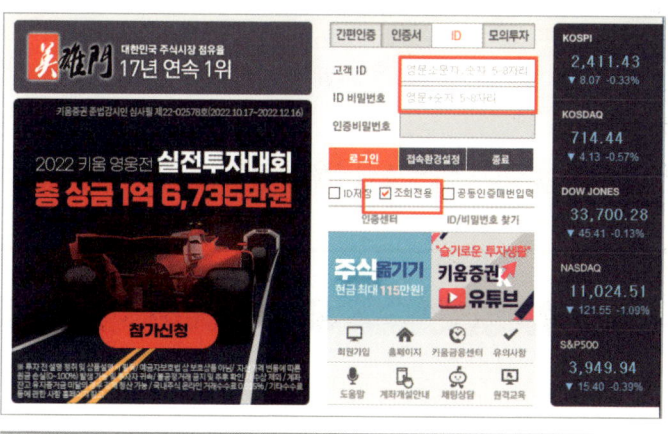

그림 14

키움증권 사이트 회원가입 후 영웅문4를 다운로드한 후 키움증권 아이디와 비밀번호를 입력해 접속하시면 됩니다.

코스피 지수가 고점인 경우, 코스피 주식들 중 시가총액이 높은 주식은 지수의 영향을 받습니다. 고점일 때 코스피 주식이 100개라면 70개 이상은 하락할 가능성이 크므로 지수가 고점인 경우, 30% 상승할 확률만 보고 주식을 매수하면 안 됩니다. 독자님들은 철저히 확률에 따른 매매를 하셔야 합니다. 코스피 지수가 고점인지 여부를 알아내는 방법을 알아보겠습니다.

- 코스피 지수 고점 및 저점 설정하기

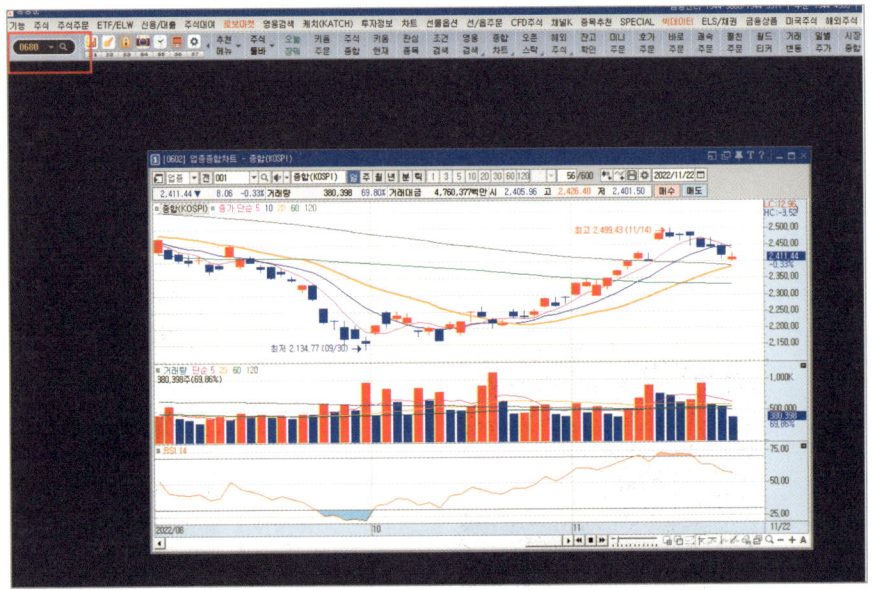

그림 15

좌측 상단에서 0680을 입력한 후 클릭하세요. 키움증권 HTS 상에 업종 종합차트가 나옵니다.

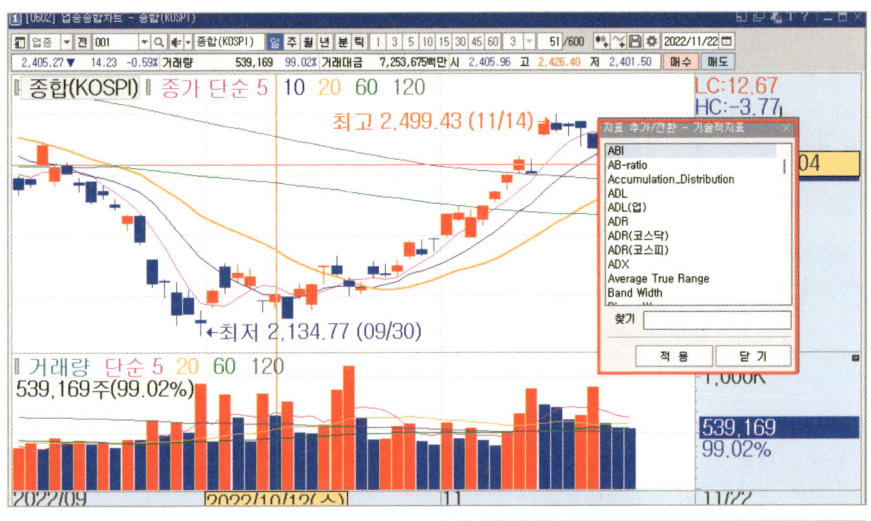

그림 16

업종종합차트에서 마우스 우클릭해 지표를 추가하면 수많은 보조지표가 있습니다. 여기서 RSI 보조지표를 입력한 후 추가해 주시면 됩니다.

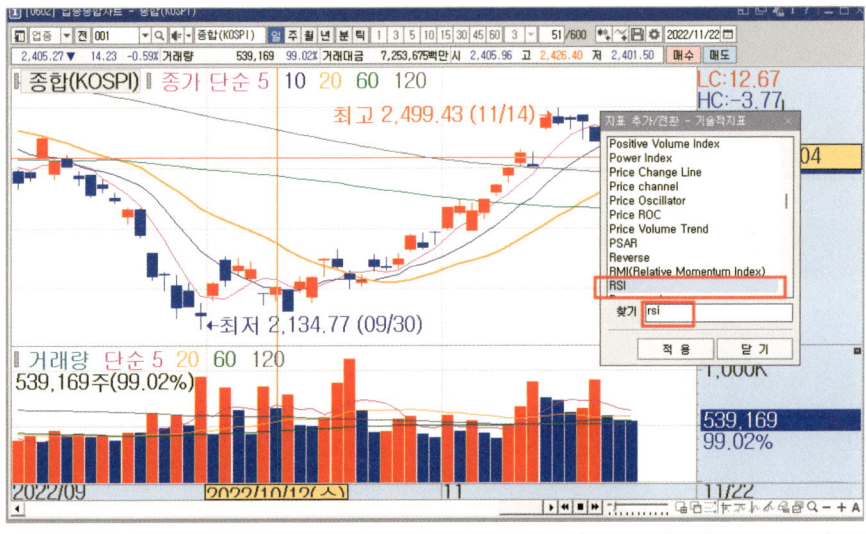

그림 17

RSI 보조지표를 추가하면 종합지수 하단에 RSI 보조지표가 추가됩니다. RSI 보조지표의 기본적인 사용법은 RSI 30 이하이면 매수 관점, RSI 70 이상이면 매도 관점입니다.

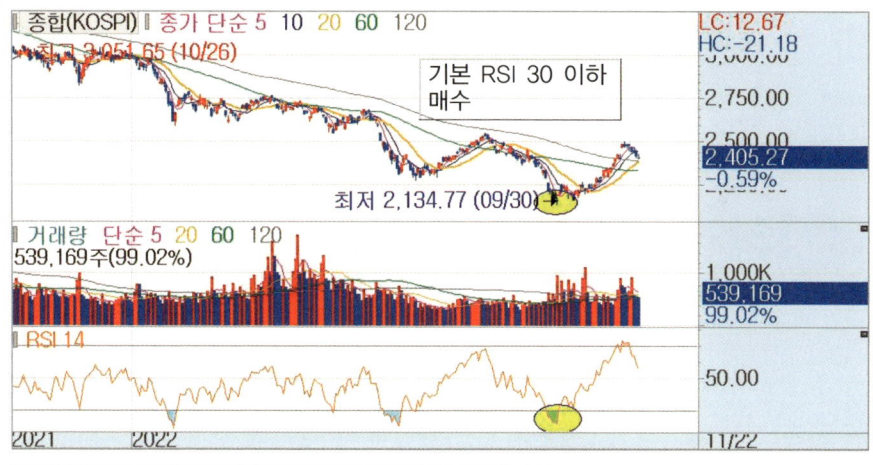

그림 18

2022년 9월 30일 일봉상 코스피 지수가 RSI 30 이하에 오면서 과매도권 진입

이같이 과매도권에 진입하면 언론, 뉴스, 시장 참가자들은 패닉에 빠집니다. 그러나 시간이 지나보면 매수할 자리였습니다. RSI 30 이하에 오면 철저히 분할매수로 대응하셔야 합니다. 종합지수가 RSI 30 이하로 오면 지수가 저점이므로 코스피 주식들도 기술적 반등 구간, 즉 매수 구간에 오게 됩니다. 명심하실 것은 코스피 매수 시점에 오면 투자자 대부분이 패닉 상태에 빠져 손절한다는 것입니다. 필자의 경험상 RSI 과매도권에서 주식을

손절하시는 분들은 중·단기 최저점 손절을 하시는 겁니다. 명확한 원칙이 있는 투자자들은 절대로 손절하지 않고 주식을 오히려 저가 매수합니다.

그림 19

2022년 6월 코스피 지수는 RSI 30 이하에 있습니다. 손절이 아닌 분할 매수 관점에서 접근할 때입니다. 지수가 매수 포인트에 왔기 때문에 뉴스와 언론에서 '2,000포인트 간다', '1,900포인트로 하락한다'라고 말해 두려움에 매도하게 되는 겁니다. 필자는 2022년 6월 RSI 30 이하일 때 오히려 적극적인 매수 구간이며 강력 보유 의견을 제시했습니다.

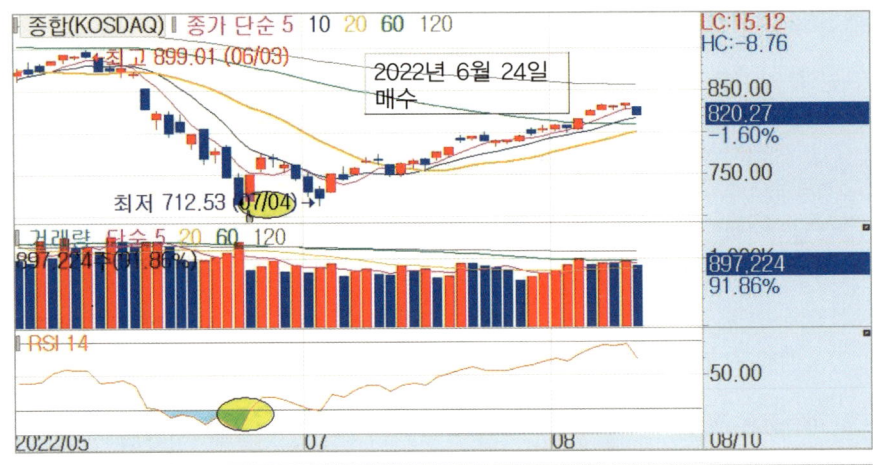

그림 20

2022년 6월 24일 시초가 풀매수, 지수 RSI 30 이하 매수

212	시초가 풀매수	전체회원	2022-06-24 15:15:24

그림 21

가장 두려운 매수 자리였습니다. 코스피, 코스닥 매수에 변곡이 왔을 때 강력히 매수에 가담하셔야 합니다. 초보 투자자는 처음에는 베팅이 어려우므로 소액으로 연습하시고 수익이 나는 것을 직접 확인하고 검증하신 후 서서히 투자금을 늘려나가는 것이 바람직합니다. 코스피 지수 RSI 70 이상일 때는 과매수권이므로 주식을 분할매도해 비중을 축소하셔야 합니다. 여기서 중요한 것은 RSI 70에 오면 증권사의 추천이나 언론의 비중확대 의견이 나오는데 이런 의견들은 참고 사항일 뿐이라는 겁니다. 필자가 알려드린 대로 분할매도와 비중축소로 대응하시면 됩니다.

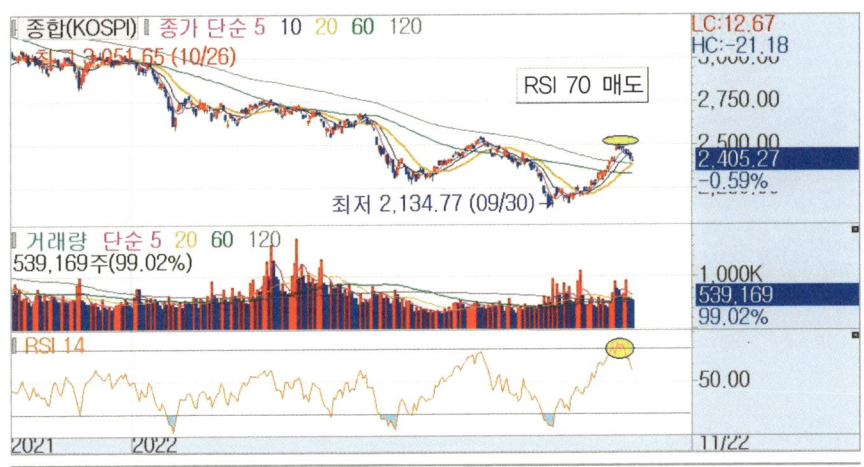

그림 22

2022년 11월 16일 RSI 70 이상 과매수권이므로 분할매도와 비중축소입니다. 자, 여기서 궁금한 게 생기죠? 어떤 주식을 매도해야 할까요? 코스피 지수가 고점이므로 코스피 종목 중 특히 지수 관련 우량주는 코스피가 하락하면 시가총액이 높아 지수의 영향을 많이 받습니다. 시가총액 1조 원 이상 주식 비중을 축소하셔야 합니다. 자, 이제 코스피 지수가 고점일 때 코스피 종목 시가총액에 따른 비교를 해보겠습니다.

- 코스피 지수 설정하기

2022년 11월 14일 RSI 70 이상에서 코스피 지수 고점 이후 코스피 지수는 하락합니다. 11월 14일 코스피 지수 단기 고점입니다.

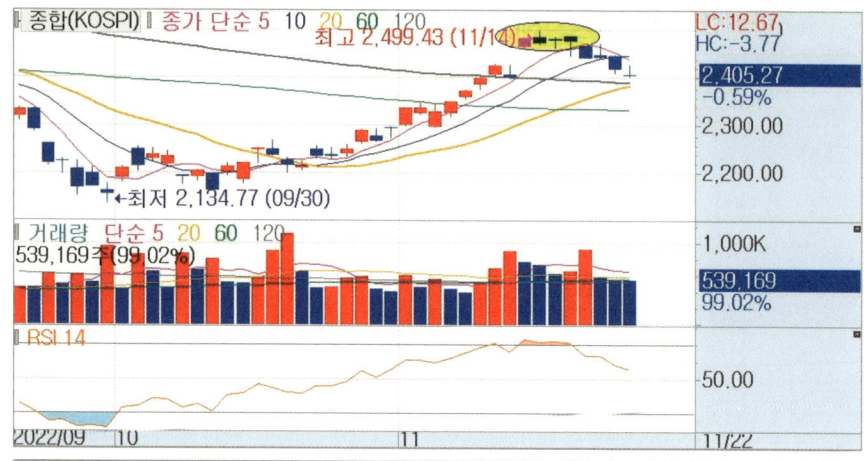

그림 23

삼성전자 고점 확인하기

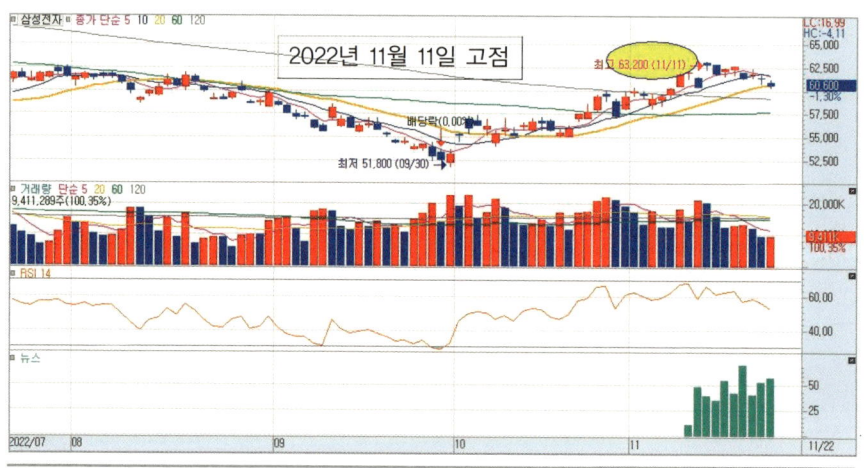

그림 24

    2022년 11월 11일 삼성전자 고점이 형성되었습니다. 코스피 지수 고점은 11월 14일 지수보다 3일 먼저 고점을 찍고 하락했습니다.

LG전자 고점 확인하기

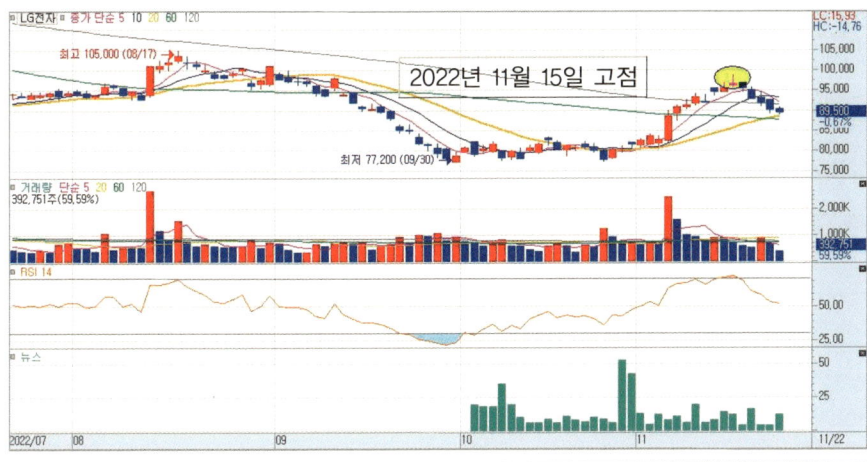

그림 25

　　LG전자 차트입니다. 2022년 11월 15일 고점을 찍고 하락했는데 2022년 11월 14일 하루 일찍 고점을 찍고 하락했습니다.

SK하이닉스 고점 확인하기

그림 26

    SK하이닉스 차트입니다. 2022년 11월 14일 코스피 지수가 고점이었는데 SK하이닉스는 그보다 3일 앞서 고점을 찍고 하락했습니다.

삼성바이오로직스 고점 확인하기

그림 27

삼성바이오로직스는 2022년 11월 14일이 고점이고 코스피 고점인 2022년 11월 14일 이후 삼성바이오로직스도 하락. 코스피 지수 하락과 종목 하락 시점이 같습니다.

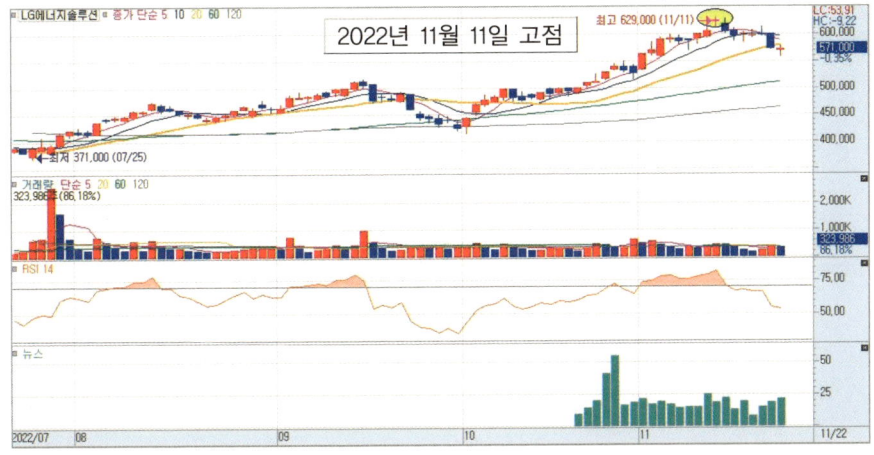

그림 28

LG에너지솔루션 차트입니다. 2022년 11월 11일 고점 형성, 코스피 고점인 2022년 11월 14일 이후 하락. 코스피 지수보다 3일 앞서 고점을 찍었습니다. 지수보다 강한 주도주입니다. 주도주는 지수보다 먼저 고점을 찍는 경우도 있습니다.

NAVER 고점 확인하기

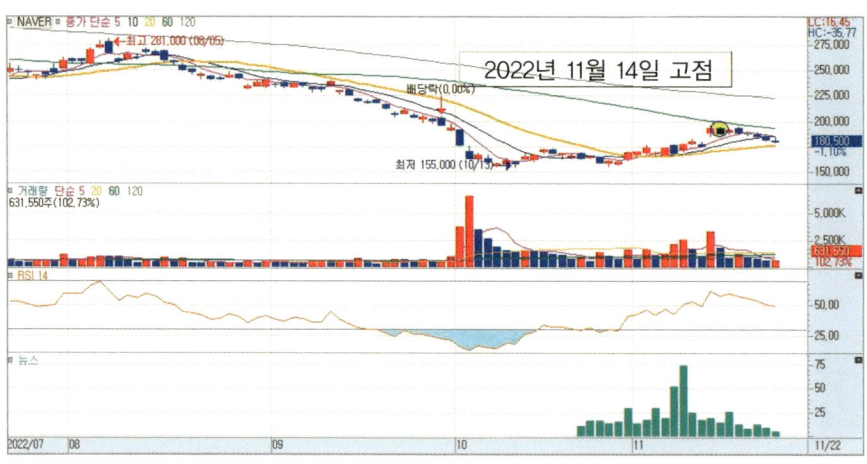

그림 29

네이버 차트. 2022년 11월 14일 고점, 코스피 고점과 일치합니다.

카카오 고점 확인하기

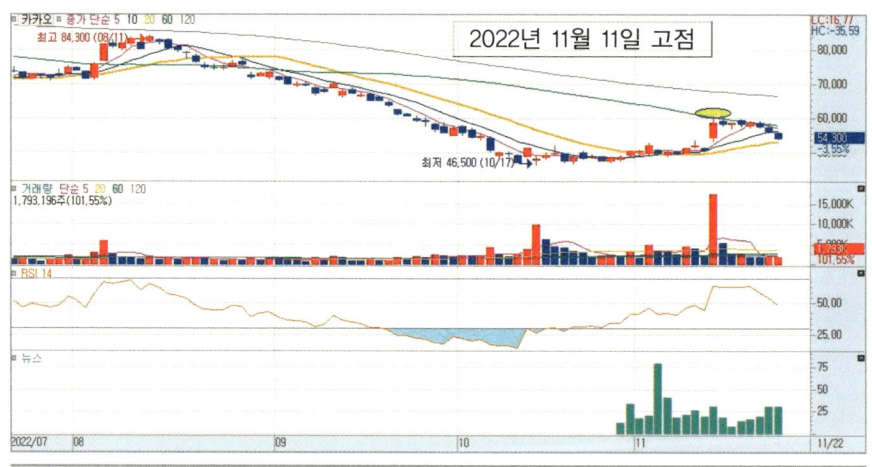

그림 30

카카오 차트. 2022년 11월 11일 고점, 코스피 고점인 2022년 11월 14일 지수보다 먼저 고점을 형성. 지수보다 강한 종목입니다.

삼성물산 고점 확인하기

그림 31

삼성물산 차트. 2022년 11월 17일 고점 찍고 하락, 코스피 고점인 2022년 11월 14일 지수보다 늦게 고점을 형성한 후발주입니다.

SK 고점 확인하기

그림 32

SK 차트. 2022년 11월 11일 고점, 코스피 지수 고점 2022년 11월 14일

시가총액 상위 종목들의 코스피 지수 고점 이후 추이를 비교해 보았습니다. 코스피 지수가 고점을 찍은 후 코스피 시가총액 상위 종목도 3일 전후로 고점을 형성했음을 알 수 있습니다. 2022년 11월 11일 고점을 찍은 종목은 삼성전자와 SK하이닉스로 이 종목들은 코스피 지수가 고점을 찍은 2022년 11월 14일보다 앞서 고점을 찍었습니다. 즉, 지수보다 강한 코스피 시장 주도주였습니다. 삼성물산은 2022년 11월 17일이 고점으로 코스피 지수보다 늦게 고점을 찍었습니다. 순환매 후발주였습니다. 주식을 분할매도하거나 비중을 축소해야 한다는 것이 결론입니다. 우리는 시장을 이길 수 없으니 순응해가며 매매해야 합니다.

PART 2

코스피 시장 분석에 따른 종목 순환매

- 순환매 테마 확인

순환매 종목을 찾는 방법은 여러 가지인데 매우 간단한 매매기법만 소개하겠습니다. 순환매 종목을 찾으려면 여러분이 보유한 종목의 업종을 아셔야 합니다.

예)반도체: 삼성전자, SK하이닉스
　게임주: 넷마블, 엔씨소프트, 조이시티, 펄어비스. 룽투코리아,
　　　　　컴투스홀딩스

– 테마종목 – 테마그룹별 구성종목

테마 업종과 종목을 찾는 방법을 알아보겠습니다. 키움증권 좌측 상단에 '0649'를 입력하시면 테마종목 – 테마그룹별 구성 종목이 나옵니다. 여기서 테마별 종목들을 숙지하셔야 합니다.

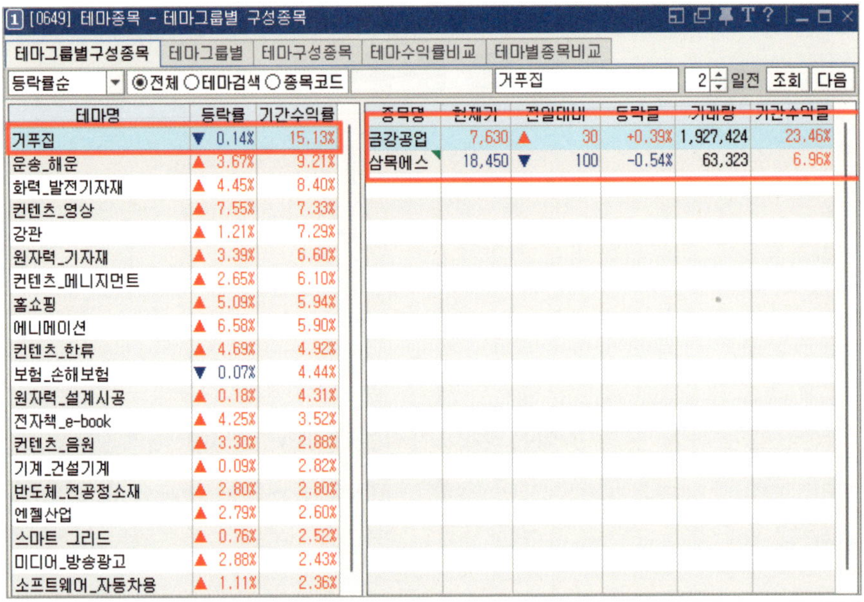

테마명	등락률	기간수익률
거푸집	▼ 0.14%	15.13%
운송_해운	▲ 3.67%	9.21%
화력_발전기자재	▲ 4.45%	8.40%
컨텐츠_영상	▲ 7.55%	7.33%
강관	▲ 1.21%	7.29%
원자력_기자재	▲ 3.39%	6.60%
컨텐츠_매니지먼트	▲ 2.65%	6.10%
홈쇼핑	▲ 5.09%	5.94%
애니메이션	▲ 6.58%	5.90%
컨텐츠_한류	▲ 4.69%	4.92%
보험_손해보험	▼ 0.07%	4.44%
원자력_설계시공	▲ 0.18%	4.31%
전자책_e-book	▲ 4.25%	3.52%
컨텐츠_음원	▲ 3.30%	2.88%
기계_건설기계	▲ 0.09%	2.82%
반도체_전공정소재	▲ 2.80%	2.80%
엔젤산업	▲ 2.79%	2.60%
스마트 그리드	▲ 0.76%	2.52%
미디어_방송광고	▲ 2.88%	2.43%
소프트웨어_자동차용	▲ 1.11%	2.36%

종목명	현재가	전일대비	등락률	거래량	기간수익률
금강공업	7,630	▲ 30	+0.39%	1,927,424	23.46%
삼목에스	18,450	▼ 100	-0.54%	63,323	6.96%

그림 33

키움증권 0649 탭에 테마종목-테마그룹별 구성종목이 잘 나와 있습니다.

거푸집: 금강공업, 삼목에스폼

그림 34

운송·해운: 흥아해운, HMM, 대한해운, 인터지스, 팬오션, 동방, 세방

테마그룹에서 확인하실 것은 대장주입니다. 대장주는 그 테마에서 실적, 재무 상태와 상관없이 가장 크게 상승하는 종목으로 한 번 대장은 영원한 대장이 아닙니다. 수시로 변동될 수 있으니 참고하셔야 합니다. 위 목록에서 운송·해운 업종의 대장주는 흥아해운입니다.

테마명	등락률	기간수익률		종목명	현재가	전일대비	등락률	거래량	기간수익률
거주집	▼ 0.14%	15.13%		쇼박스	4,405 ▲	695	+18.73%	2,537,527	20.85%
운송_해운	▲ 3.67%	9.21%		대원미디	14,400 ▲	2,150	+17.55%	3,029,547	15.20%
화력_발전기자재	▲ 4.45%	8.40%		초록뱀미	11,400 ▲	1,350	+13.43%	891,501	8.57%
컨텐츠_영상	▲ 7.55%	7.33%		콘텐트리	27,100 ▲	2,850	+11.75%	682,228	7.97%
강관	▲ 1.21%	7.29%		키이스트	6,850 ▲	600	+9.60%	264,795	9.78%
원자력_기자재	▲ 3.39%	6.60%		팬엔터테	3,675 ▲	250	+7.30%	547,449	7.30%
컨텐츠_메니지먼트	▲ 2.65%	6.10%		아프리카T	91,800 ▲	5,200	+6.00%	339,814	6.25%
홈쇼핑	▲ 5.09%	5.94%		버킷스튜	1,480 ▲	80	+5.71%	0,397,121	3.50%
에니메이션	▲ 6.58%	5.90%		SM C&C	3,470 ▲	160	+4.83%	3,179,522	7.26%
컨텐츠_한류	▲ 4.69%	4.92%		삼화네트	2,930 ▲	130	+4.64%	3,459,662	6.93%
보험_손해보험	▼ 0.07%	4.44%		CJ CGV	16,400 ▲	700	+4.46%	109,383	2.50%
원자력_설계시공	▲ 0.18%	4.31%		손오공	2,085 ▼	25	-1.18%	222,231	2.80%
전자책_e-book	▲ 4.25%	3.52%		IHQ	731 ▼	31	-4.07%	1,668,295	2.67%
컨텐츠_음원	▲ 3.30%	2.88%							
기계_건설기계	▲ 0.09%	2.82%							
반도체_전공정소재	▲ 2.80%	2.80%							
엔젤산업	▲ 2.79%	2.60%							
스마트 그리드	▲ 0.76%	2.52%							
미디어_방송광고	▲ 2.88%	2.43%							
소프트웨어_자동차용	▲ 1.11%	2.36%							

그림 35

콘텐츠 · 영상: 쇼박스, 대원미디어, 초록뱀미디어, 콘텐트리, 키이스트, 팬엔터테인먼트, 아프리카TV, 버킷스튜디오, 삼화네트웍스, CJ CGV, 손오공, IHQ 등이 있습니다.

대장주는 쇼박스입니다. 어떤 테마에 어떤 종목이 있는지 1등주부터 꼴등주까지 모두 알 필요는 없습니다. '1등주는 쇼박스, 2등주는 대원미디어' 이 정도만 알고 계시면 됩니다. 대장주는 간단히 말해 같은 업종 내에서 상승률이 가장 높은 종목입니다.

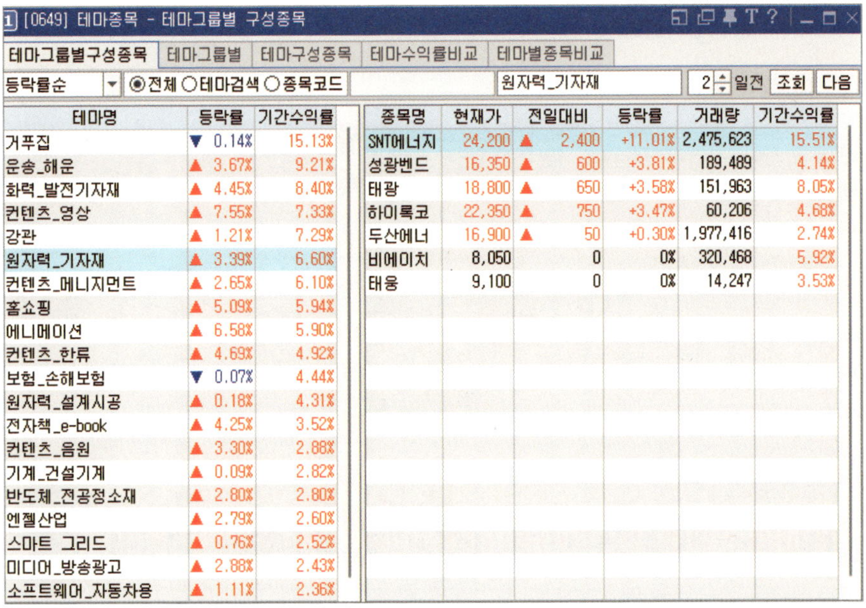

그림 36

원자력 기자재 관련주: SNT에너지, 성광벤드, 태광, 하이록코리아, 두산에너빌리티, 비에이치, 태웅 등의 종목이 있습니다.

테마 업종을 분류한 후 1등주와 2등주 정도만 기억하시면 됩니다. 우선 순환매 종목을 찾으려면 지수가 매수 포인트에 왔을 때 특정 테마주들이 많이 포착되면 그 테마주가 향후 지수 반등이 나올 때 테마가 형성됩니다.

- 코스피 변곡점에서 매수하기

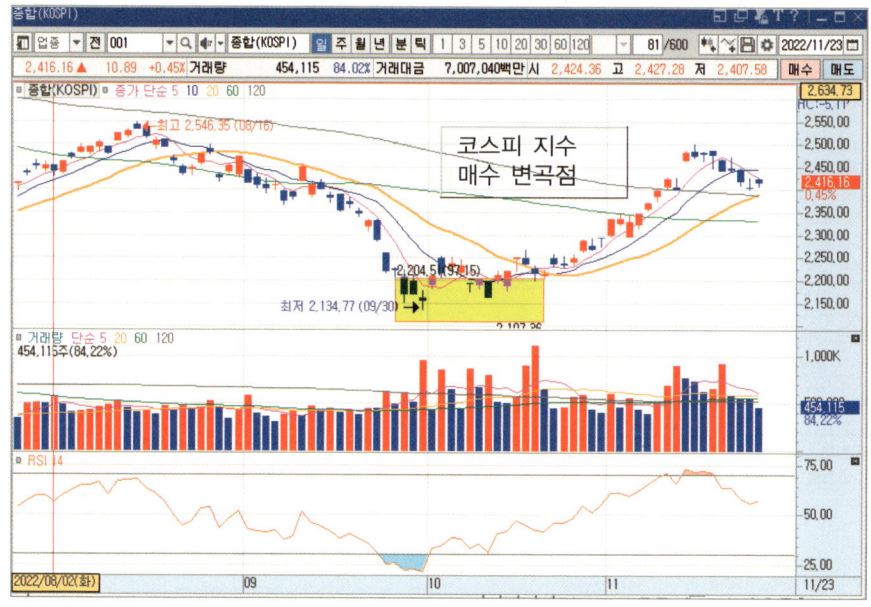

그림 37

    2022년 10월 13일 코스피 지수가 매수 변곡점 자리에 왔습니다. 이때 특정 테마주가 잡히면 그 테마는 향후 지수가 상승할 때 테마가 형성됩니다. 2022년 10월 13일 필자는 '무상증자' 테마주가 포착되어 '아! 앞으로 무상증자 관련주 테마가 형성되겠구나!'라고 예측했습니다.

지투파워

아래 2022-10-17 10:06:49초에 지투파워를 5,570원 이하에서 매수 추천해 드렸습니다. 당시 지투파워는 무상증자 테마주였습니다.

그림 38

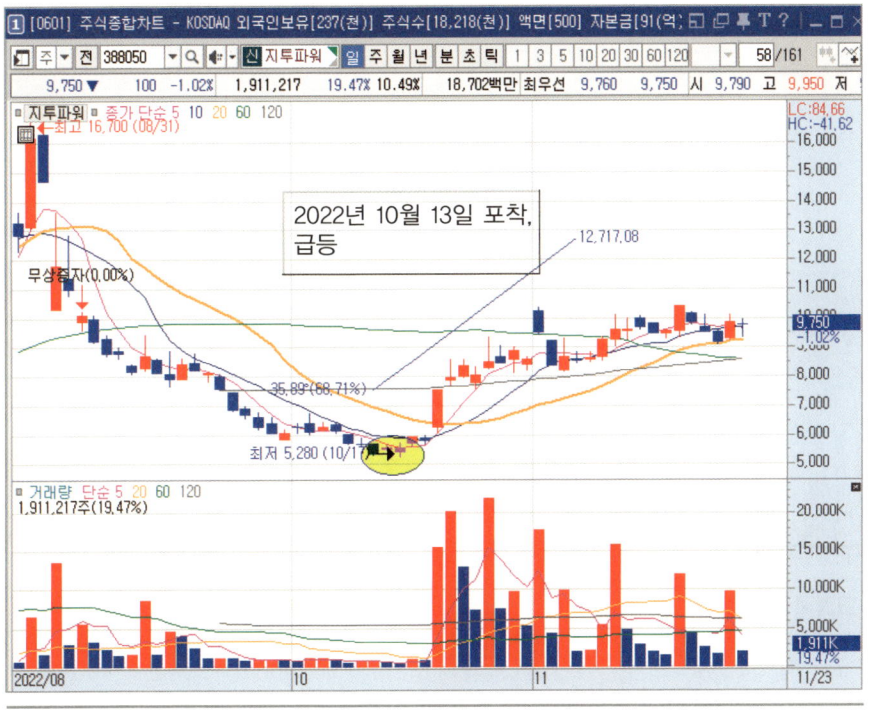

그림 39

2022년 10월 17일 지투파워가 무상증자로 테마주로 포착되어 급등하는 모습입니다.

공구우먼

| 928 | 자이언스텝 굿입니다 | 어젠 공구우먼 vi | 전체회원 | 2022-10-18 09:09:53 |

그림 40

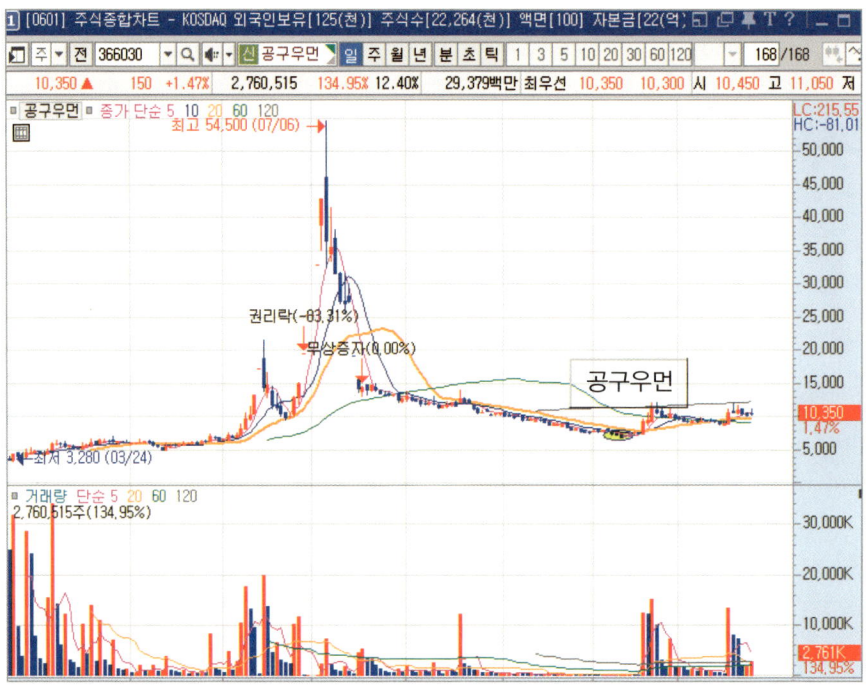

그림 41

2022년 10월 16일 공구우먼이 포착되었습니다. 공구우먼도 무상증자 테마주로 10월 16일 포착된 이후 급등하는 모습입니다.

실리콘투

그림 42

　2022년 10월 16일 무상증자 테마주로 실리콘투가 포착되었습니다. 40% 이상 급등했습니다. 당시 필자는 무상증자 테마주의 순환매 가능성을 예측했습니다. 무상증자 테마주 중 실리콘투, 공구우먼, 지투파워, 노터스, 케이옥션이 있었는데 다 매매하지 못하고 실리콘투, 공구우먼, 지투파워만 매매했습니다. 지수 변곡점에서 특정 테마주로 포착되기 시작하면 그 테마주는 급등한다는 것이 결론입니다. 절대로 놓치지 마세요. 다음 지수 변곡점에 이르러 특정 테마주로 포착되기 시작하면 적극적으로 매수해야 순환매 업종을 잡을 수 있습니다. 지수 변곡점 시점에서 특정 테마주로 포착되면 그 테마는 다음 순환매 대장주 테마가 됩니다.

PART 3

코스닥 시장의 고점 및 저점 분석

- 키움증권에서 코스닥 지수 설정하는 방법

주식투자에서 맨 먼저 기준이 필요하다면 코스닥 종목을 매매할 것입니다. 코스닥 지수가 기준이 되어야 합니다. 코스닥 시장의 저점을 알면 코스닥 종목의 매수 변곡점을 파악할 수 있습니다. 코스닥 지수 지표를 설정하는 방법입니다. 키움증권 좌측 상단의 0602 업종지수를 클릭합니다. 클릭 후 업종별 지수 차트가 열리는 여기서 코스닥 지수를 선택하세요.

그림 43

업종종합차트에서 코스피를 코스닥으로 변경해주시고 차트에 마우스 우클릭 후 지표를 추가해 클릭하시면 됩니다.

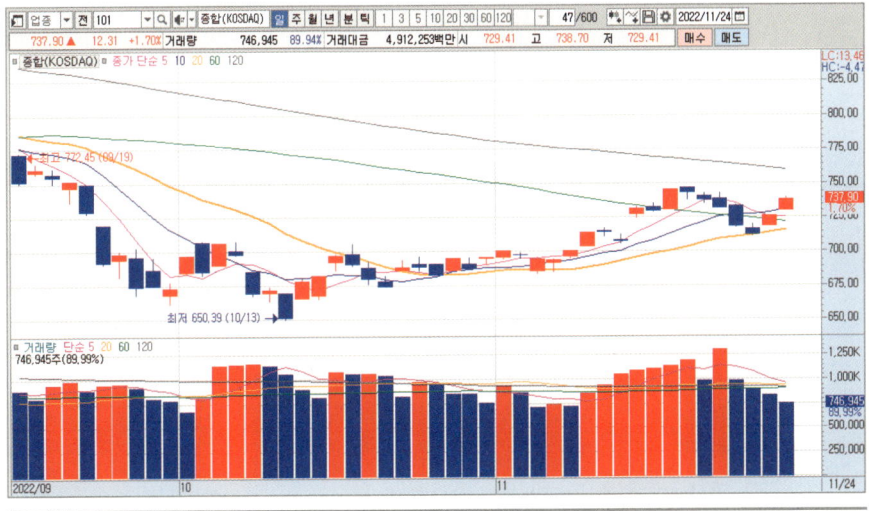

그림 44

- 키움증권에서 코스닥 지수에 RSI 보조지표 추가하는 방법

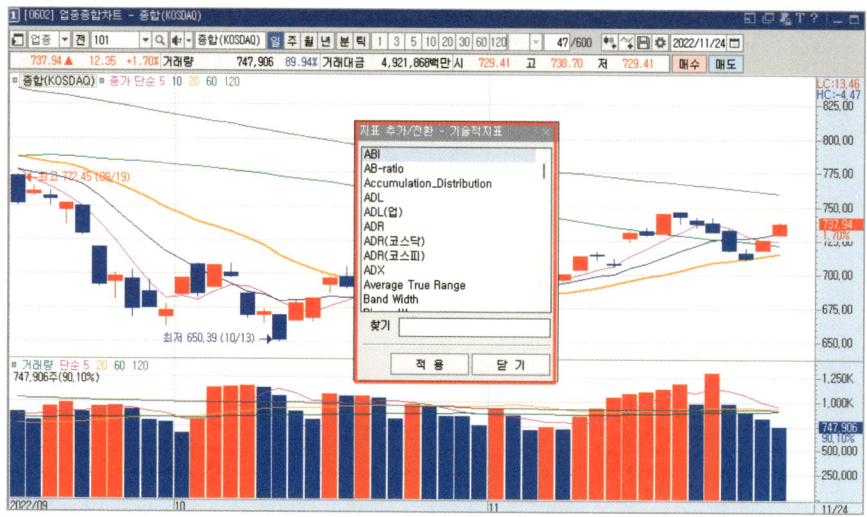

그림 45

코스닥 차트에 마우스 우클릭 후 지표를 추가해 보조지표를 추가해 줍니다. 여러 가지 보조지표가 존재하는 필자의 경험상 RSI 보조지표가 확률이 가장 높습니다. RSI 보조지표 이외 지표는 추가하지 마시길 권합니다.

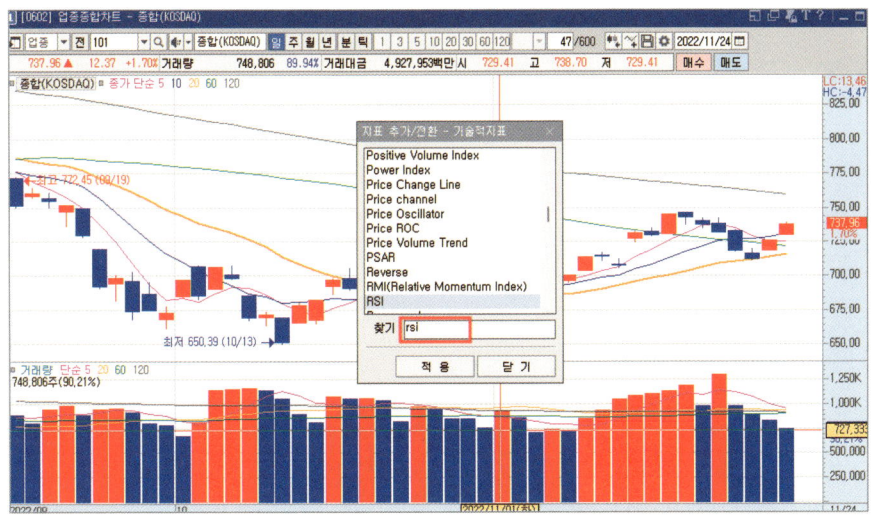

그림 46

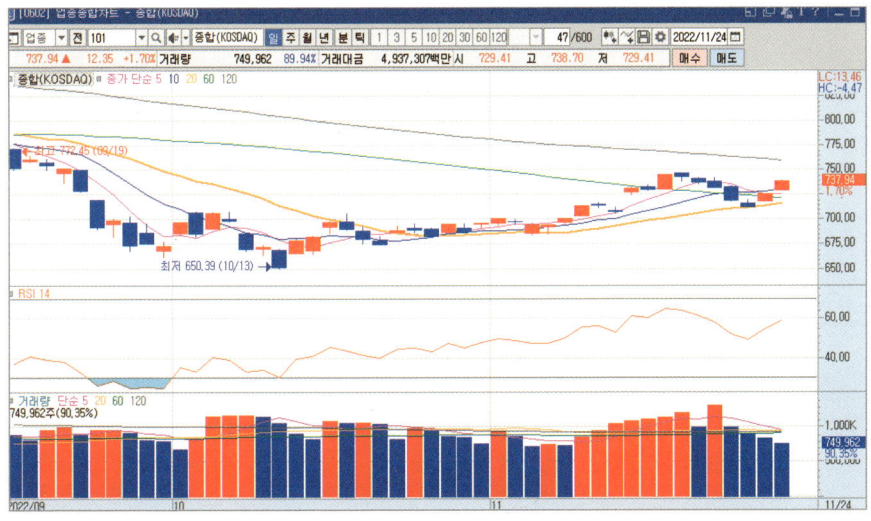

그림 47

　　RSI 보조지표가 추가되면 코스닥 지표 차트 아래에 RSI 보조지표가 생성됩니다.

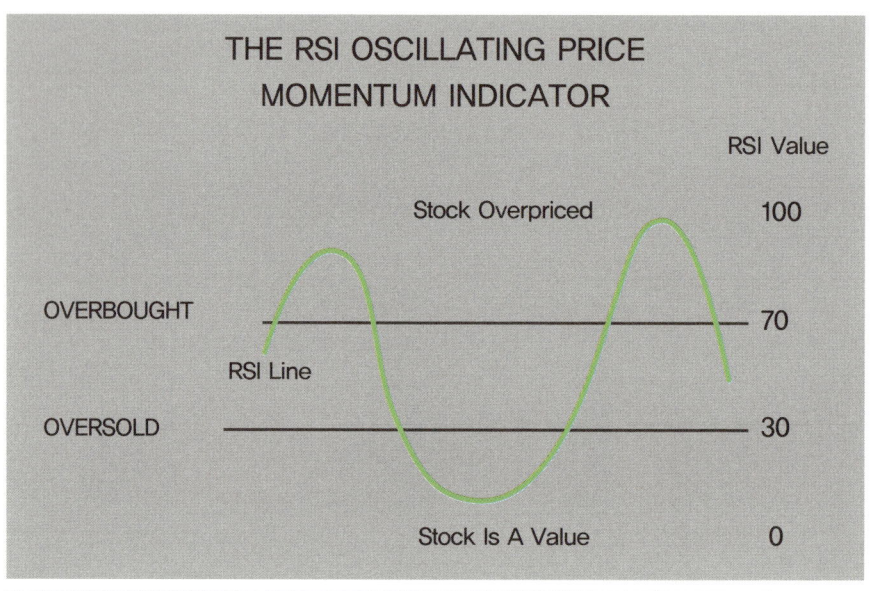

그림 48

일정 기간 주가가 상승한 변화량이 크면 과매수, 반대로 하락한 변화량이 크면 과매도로 판단하는 방식입니다.

• RSI 계산식

RSI = 100 − 100/(1+RS)

RS = N 기간 동안의 종가 평균 상승폭 / N 기간 동안의 종가 평균 하락폭

N = 기본 14일
N 기간 동안의 종가 평균 상승폭: 종가가 전일 가격보다 상승한 날의 상승분 평균
N 기간 동안의 종가 평균 하락폭: 종가가 전일 가격보다 하락한 날의 하락분 평균

그림 49

활용법

RSI > 70일 때: 과매수 단기적 과열을 의미

RSI < 30일 때: 과매도 단기적 투매를 의미

RSI 보조지표 매수 활용법: 30 이하이거나 30 돌파 시 매수한다(분할매수를 권합니다).

RSI 보조지표 매도 활용법: 70 이상이거나 70 하향 이탈 시 매도한다(분할매도를 권합니다).

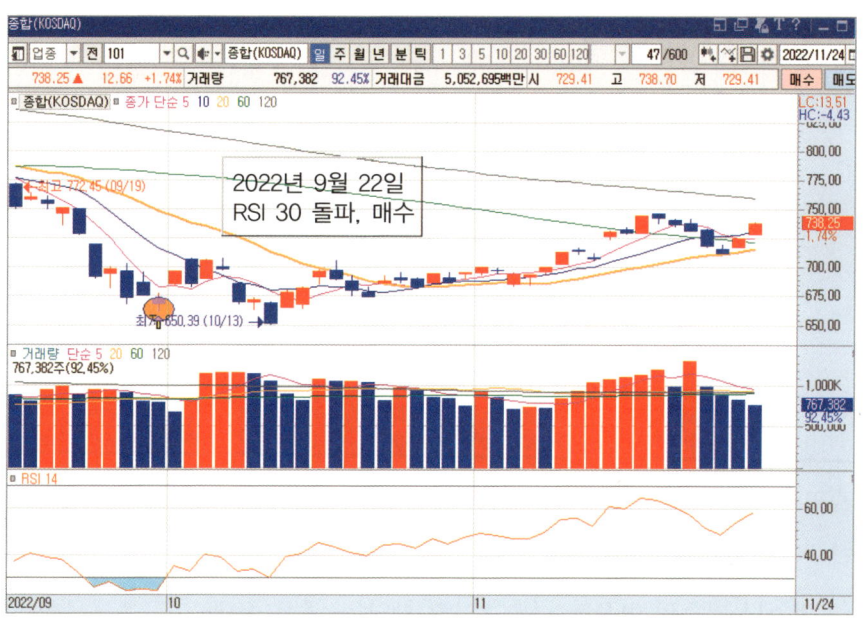

그림 50

2022년 9월 30일 RSI 보조지표 30을 돌파했습니다. 주식 손절이 아니라 매수 관점에서 물린 주식을 강력 보유하는 관점입니다. 실전은 두렵습니다. 하지만 이 같은 심리적 압박을 이겨내야 비로소 수익을 내고 성공할 수 있습니다.

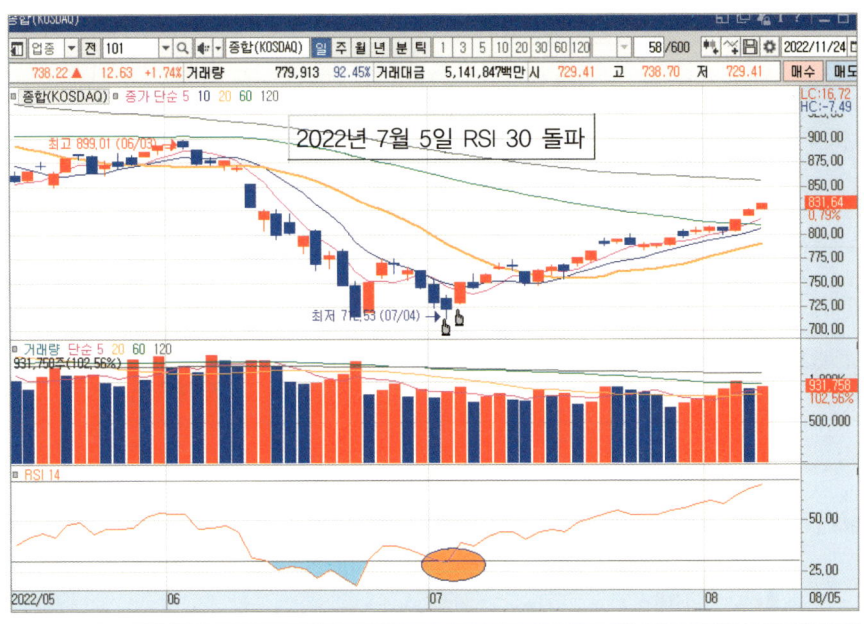

그림 51

2022년 7월 5일 코스닥 지수가 RSI 30 돌파 후 점진적으로 상승하는 모습입니다. 코스닥 종목을 매수하실 분들은 다음 순서를 기억하시기 바랍니다.

코스닥 지수의 변곡점 = 매수 자리 확인 → 종목 선택

코스닥 지수의 매수 변곡점에 특정 테마주가 RSI 보조지표 30 이하에서 매수 포인트가 대거 나타날 때 추후 그 테마 종목은 순환매가 나옵니다.

- 코스닥 지수 RSI 매수 포인트

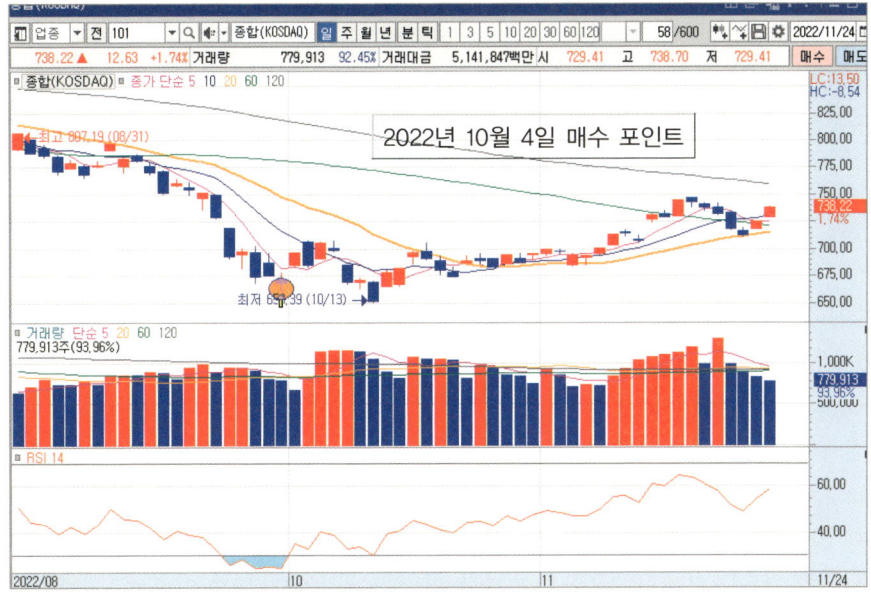

그림 52

    2022년 10월 1일 코스닥 지수 매수 포인트가 왔습니다. 이제 중요한 것은 코스닥 종목 중에서 매수 변곡점에 온 종목을 발굴하는 것입니다. 특정 테마주가 대거 포착되는 것을 확인한 후 그 종목을 매수하시면 됩니다.

PART 4

코스닥 시장 분석에 따른 종목 순환매

2022년 10월 1일 코스닥 지수의 저점이 확인되었습니다. 2022년 10월 1일 코스닥 종목 중에서 RSI 30을 돌파하는 테마주를 발굴해야 합니다. 필자는 2022년 10월 1일 코스닥 종목 중 다수의 게임주를 저점 매수 변곡점에서 포착했습니다.

- 네오위즈홀딩스 매수 포인트

2022년 10월 1일 네오위즈홀딩스가 RSI 30을 돌파하는 매수 변곡점이 포착되었습니다. 단기적으로 급락하던 주가가 코스닥 지수 RSI 30 돌파 시 게임주가 잡히면 2022년 10월 13일 저점을 찍고 주가가 상승하는 모습입니다. 매수 변곡점이 왔을 당시 두려워 매수하지 못하지만 보름 후 주가는 거의 최저점에서 매수한 것이 되었습니다.

그림 53

- 컴투스홀딩스 매수 포인트

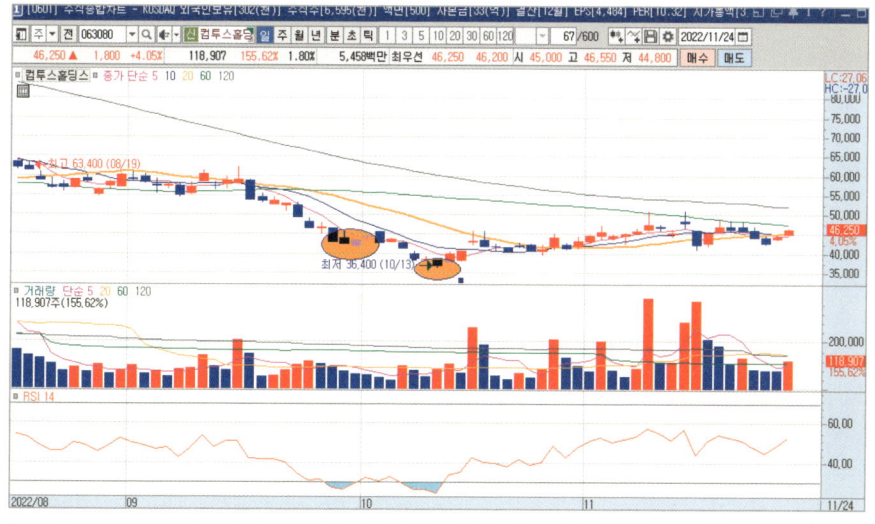

그림 54

2022년 10월 1일 코스닥 지수 변고점 이후 네오위즈홀딩스와 컴투스홀딩스가 잡혔습니다. 단기적인 기술적 반등 후 추가 하락한 주가가 15일 이후 급등하는 모습입니다.

- 조이시티 매수 포인트

그림 55

2022년 10월 1일 코스닥 지수 변곡점 완성 후 저점을 찍고 상승하는 모습입니다. 특이사항은 다른 게임주보다 보름가량 앞서 저점을 찍고 상승한다는 것입니다. 여기서 중요한 것은 코스닥 지수가 2022년 10월 1일 저점을 찍고 게임주에서 조이시티가 먼저 상승했기 때문에 후발주인 컴투스홀딩스와 네오위즈홀딩스도 상승할 수 있다는 강력한 신호라는 것입니다.

PART 5

시장 분석을 하는 이유

주식시장에서 가장 중요한 것은 리스크를 최소화하면서 수익을 극대화하는 것입니다. 그러려면 투자자 여러분만의 원칙과 수익을 내는 방법을 찾아내야 합니다. 주식시장은 생물처럼 변화무쌍하므로 그 변화에 맞춰 투자 방식도 변해야 합니다. 투자 환경이 변하더라도 기준은 쉽게 변하지 않습니다. 투자 기준을 찾아 매매원칙을 세우셔야 합니다. 필자는 강조합니다. 이 책을 통해 여러분의 모든 궁금증이 풀릴 수는 없지만 한 가지 분명한 것은 '기준 = 종합지수'라는 겁니다. 코스피, 코스닥 시장의 변곡점을 찾아내는 노력을 하시면 절반의 성공은 이룬 것으로 생각하시면 됩니다.

주식시장 분석은 기술적 분석과 기본적 분석으로 나눕니다. 기본적 분석은 내재가치를 분석하는 것입니다. 기본적 분석을 통해 코스피 시장과 코스닥 시장의 고평가, 저평가 구간 여부를 판단하는 중요한 자료로 활용합니다.

 필자는 기본적 분석을 통해 가치 투자, 장기 투자를 선호하는 스타일이 아니어서 기본적 분석을 통해 해당 기업의 단기적 위험 여부, 상장폐지 여부, 유상증자 여부만 판단하고 투자합니다.

 기술적 분석은 차트로 고점과 저점 여부를 파악하는 것입니다. 시장 분석은 내재가치보다 차트상 단기 고점 및 저점, 변곡점, 매수·매도 여부만 판단하시면 됩니다. 특히 코스피, 코스닥 지수 RSI 보조지표를 이용한 매수·매도 변곡점을 찾아내는 것이 성공투자의 지름길입니다. 시장은 변해도 단기적인 기술적 변곡점 자리는 잘 변하지 않습니다.

CHAPTER 3

낙폭과대주 매매

PART 1

낙폭과대주 정의

    주가가 큰 폭으로 하락한 종목을 찾아내는 것이 시장의 오해로 인해 기업가치가 저평가된 종목을 말합니다. 주관적, 상대적 개념이지만 고점에 비해 큰 폭으로 하락한 종목을 말합니다. 낙폭과대 우량주는 상대적으로 주가 하락 가능성이 낮고 기술적 반등 구간에서 큰 폭으로 오를 가능성이 큽니다. 실전 투자를 할 때 낙폭과대주 우량주를 선별하는 것은 생각처럼 쉽지 않습니다.

PART 2

낙폭과대주 선정 방법

- 낙폭과대주 첫 번째 선정 방법

종목명	현재가	전일대비	등락률	거래량	전일거래량대비	매도호가	매수호가	250일 고가	250일 저가
한국수출포장	29,350 ▲	350	+1.21	11,554	38.17%	29,350	29,300	29,350	20,550
코오롱글로벌	28,300 ▲	5,400	+23.58	7,583,494	365.55%	28,350	28,300	29,750	13,000
코오롱글로벌우	37,950 ↑	8,750	+29.97	57,925	948.04%		37,950	37,950	25,000
선광	129,500 ▲	1,700	+1.33	18,989	90.34%	129,500	129,400	129,500	54,000
방림	8,390 ▲	130	+1.57	137,853	32.50%	8,410	8,390	8,570	2,465
세방	25,050 ▲	1,400	+5.92	242,123	195.46%	25,050	24,950	25,100	9,800
삼천리	379,500 ▲	16,500	+4.55	18,286	87.92%	379,500	379,000	383,000	82,400
동일산업	188,500 ▲	3,000	+1.62	1,362	98.84%	189,000	188,500	193,500	137,000
LS	73,900 ▲	1,400	+1.93	96,569	53.59%	74,000	73,900	74,500	47,250
대창단조	8,570 ▲	410	+5.02	1,546,220	125.44%	8,590	8,570	8,830	3,835
대성홀딩스	115,000 ▲	2,000	+1.77	51,902	79.31%	115,000	114,500	115,000	43,800
서울가스	416,000 ▲	10,000	+2.46	10,320	64.29%	416,500	416,000	417,500	154,000
제룡전기	12,100 ▲	200	+1.68	301,077	116.75%	12,100	12,050	12,350	4,360
영풍정밀	15,900 ▲	2,700	+20.45	5,424,106	307.88%	15,950	15,900	16,300	7,760
현대두산인프라	8,210 ▲	290	+3.66	6,111,292	265.61%	8,220	8,210	8,390	4,255

그림 56

52주 신저가는 1년 중 최저가 대비 현재가가 가장 많이 하락한 종목을 선별하는 것입니다.

키움증권 0161에서 신저가 종목 검색이 가능합니다. 신고가/신저가를 검색한 후 좌측 상단의 전체, 코스피, 코스닥 중에서 선택하시면 됩니다. 종목으로 한국수출포장, 코오롱글로벌, 선광, 방림, 삼천리, 동일산업, LS, 대창단조, 대성홀딩스, 서울가스, 제룡전기, 영풍정밀, 현대두산인프라코어가 검색됩니다.

종목명	현재가	전일대비	등락률	거래량	전일거래량대비	매도호가	매수호가	250일 고가	250일 저가
컴투스	62,900 ▼	1,600	-2.48	334,053	122.69%	63,000	62,900	173,800	60,000
바이오플러스	7,350 ▼	70	-0.94	693,592	70.61%	7,350	7,340	35,300	7,330
젠큐릭스	5,770 ▲	80	+1.41	223,735	2,567.83%	5,770	5,730	19,300	5,320
TRUE 인버스 유	5,435 ▼	20	-0.37	4,340	752.17%	5,435	5,430	6,785	5,400
미래에셋 중국	14,530 ▼	55	-0.38	110	916.67%	14,485	14,425	20,940	14,450

그림 57

위 화면은 신저가 주식 중 전체=코스피+코스닥 전 종목 중 52주 신저가 종목을 알려줍니다. 종목으로 컴투스, 바이오플러스, 젠큐릭스가 검색됩니다.

종목명	현재가	전일대비	등락률	거래량	전일거래량대비	매도호가	매수호가	250일 고가	250일 저가
TRUE 인버스 유	5,435 ▼	20	-0.37	4,340	752.17%	5,435	5,430	6,785	5,400
미래에셋 중국	14,530 ▼	55	-0.38	110	916.67%	14,485	14,425	20,940	14,450

그림 58

코스피 종목에서 TRUE 인버스 유로스탁스50 ETN(H) B와 미래에셋 중국 심천 100 ETN이 잡힙니다. 거래량이 적은 종목이나 ETF 종목은 제외하셔야 합니다. 미래에셋 중국 심천 100 ETN 종목도 검색됩니다.

종목명	현재가	전일대비	등락률	거래량	전일거래량대비	매도호가	매수호가	250일 고가	250일 저가
컴투스	63,000 ▼	1,500	-2.33	334,061	122.70%	63,000	62,900	173,800	60,000
바이오플러스	7,350 ▼	70	-0.94	693,639	70.62%	7,360	7,350	35,300	7,330
젠큐릭스	5,770 ▲	80	+1.41	223,735	2,567.83%	5,770	5,730	19,300	5,320

그림 59

신저가 종목으로 컴투스, 바이오플러스, 젠큐릭스가 포착되었습니다.

IFRS(연결)	2019/12	2020/12	2021/12	2022/06	전년동기	전년동기(%)
매출액	4,693	5,090	5,587	3,267	2,695	21.2
매출원가	689	889	1,599	1,376	518	165.8
매출총이익	4,004	4,201	3,987	1,890	2,177	-13.2
판매비와관리비	2,745	3,060	3,461	1,879	1,891	-0.6
영업이익	1,260	1,141	526	11	286	-96.1
영업이익(발표기준)	1,260	1,141	526	11	286	-96.1
금융수익	239	233	521	231	144	61.0
금융원가	24	99	79	149	8	1714.3
기타수익	122	99	216	72	125	-42.8
기타비용	85	319	170	14	52	-72.3
종속기업,공동지배기업및관계기업관련손익	-31	-19	438	5	20	-76.4
세전계속사업이익	1,480	1,036	1,453	156	515	-69.8
법인세비용	384	272	237	50	120	-58.4
계속영업이익	1,096	764	1,215	106	395	-73.3
중단영업이익						

그림 60

컴투스 재무제표 차트입니다. 2019년 영업이익 1,260억 원, 2020년 영업이익 1,141억 원을 기록했습니다. 2021년 526억 원, 2022년 6월 11억 원을 기록하면서 전년 동기 대비 영업이익이 -96% 감소해 향후 실적이 적자 전환할 가능성이 커 보입니다. 하지만 단기적으로 영업이익이 급감하더라도 기업 존폐 문제는 생각할 필요가 없습니다. 컴투스와 같은 종목은 매매하셔도 큰 문제가 없습니다.

IFRS(연결)	2019/12	2020/12	2021/12	2022/06	전년동기	전년동기(%)
매출액	1	16	30	14	7	87.3
매출원가	1	28	60	8	12	-34.7
매출총이익	0	-13	-30	6	-4	흑자전환
판매비와관리비	66	80	98	55	44	23.5
영업이익	-66	-93	-127	-48	-49	적자지속
영업이익(발표기준)	-66	-93	-127	-48	-49	적자지속
금융수익	0	424	27	36	6	460.5
금융원가	0	14	255	151	128	18.1
기타수익	7	40	6	0	1	-26.3
기타비용	32	28	0	5	0	26833.1
종속기업,공동지배기업및관계기업관련손익			-2	-1	-1	적자지속
세전계속사업이익	-92	330	-352	-169	-171	적자지속
법인세비용		0	-0		-0	
계속영업이익	-92	330	-351	-169	-171	적자지속

그림 61

젠큐릭스 중 100% 종목으로 2019년 영업이익 -66억 원, 2020년 -93억 원, 2021년 -127억 원, 2022년 6월 -48억 원으로 4년 연속 적자를 기록 중이며 당기순이익도 엄청난 손실을 기록 중입니다. 젠큐릭스는 영업이익 적자, 당기순이익 적자, 52주 신저가에 근접해도 매매대상에서 제외하셔야 합니다.

- 낙폭과대주 두 번째 선정 방법

　낙폭과대주는 단기적으로 시장에 의해 주가가 고점 대비 50% 이상 하락한 종목을 말합니다. 일봉상 RSI 30을 돌파하는 종목은 매수 시점입니다. 낙폭과대주는 상승장보다 하락장에서 더 많이 포착되며 상승장에서 낙폭과대주는 개별 악재가 있는 종목이 많으므로 선별할 때 각별한 주의가 필요합니다. 시장에 의해 하락해야 하면 개별 악재에 의해 하락하는 종목은 철저히 배제하셔야 합니다. **유상증자, 배임·횡령, 불성실공시 법인, 관리종목, 감사보고서 비적정, 감사의견 거절** 등의 악재가 나오면 매매를 금합니다.

　상승장세가 포착되는 낙폭과대주는 대부분 해당 기업의 악재가 있는 경우가 많습니다. 상승장에서는 낙폭과대주 종목의 뉴스, 재무제표 등을 반드시 확인하신 후 매매하셔야 합니다. 하락장세가 포착되는 종목은 대부분 시장에 의해 하락하는 경우가 많으므로 시장에 의해 하락할 때 매수하는 것이 좋은 방법입니다.

PART 3

낙폭과대주 매매 시 주의사항

- 제3자 유상증자

유상증자 악재가 나왔을 때 매매하면 안 되는 이유를 알아보겠습니다. 하락하던 주가가 유상증자 악재 발생 후 낙폭과대로 가면 매수 금지입니다. 여기서 유상증자는 제3자 유상증자가 아닌 주주 배정이나 일반 공모 유상증자만 해당합니다.

- 감사의견 비적정(지티지웰니스)

2022년 3월 22일 감사의견 비적정 조회공시 요구(풍문 또는 보도) 뉴스가 발생했습니다. 감사의견 비적정, 의견거절, 한정 시 상장폐지 사유가 됩니다.

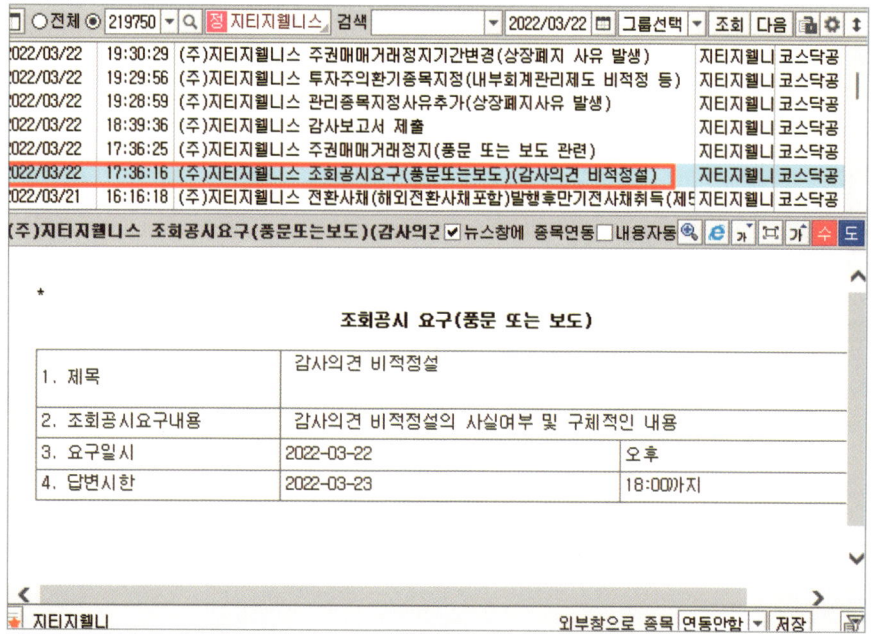

그림 62

그림 63

지티지웰니스는 감사의견 비적정설로 인해 2022년 3월 22일 이후 거래정지되었습니다. 이런 주식은 낙폭과대 매수 포인트에 와도 절대로 매매하시면 안 됩니다.

- 배임 · 횡령(휴센텍)

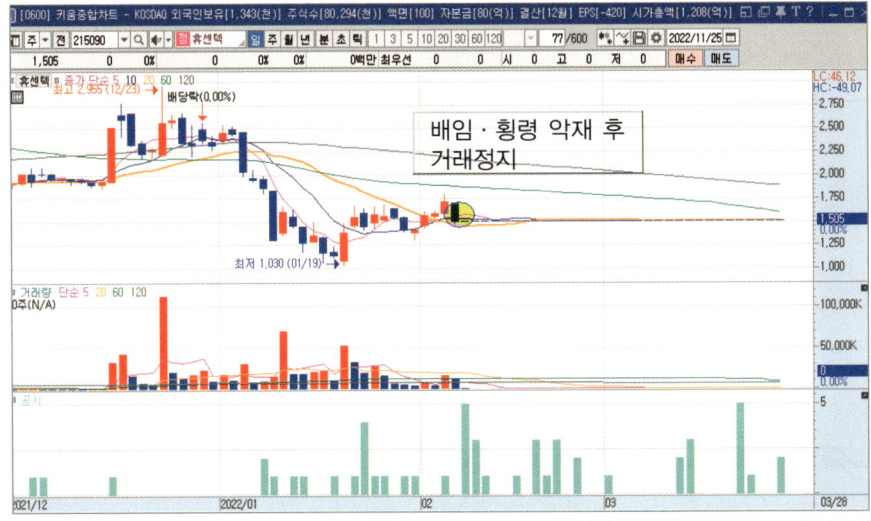

그림 64

2022년 2월 휴센텍 배임 · 횡령 악재 후 거래정지. 배임 · 횡령 악재 발생 시 보유 종목은 무조건 매도입니다. 매수 종목에서 철저히 배제하셔야 합니다.

- 감사보고서 미제출(엔지스테크널러지)

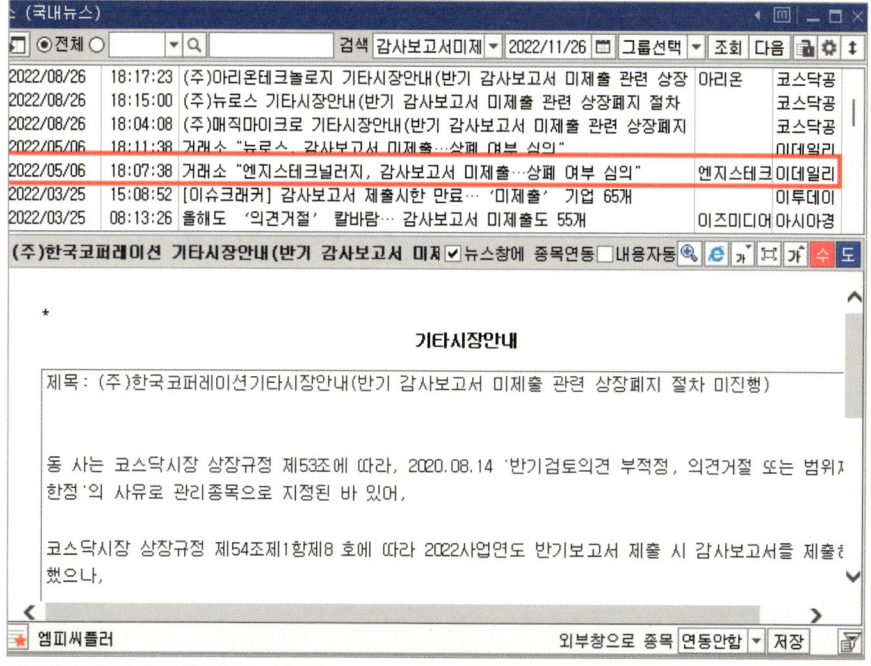

그림 65

2022년 5월 6일 "엔지스테크널러지" 감사보고서 미제출－상폐 여부 심의. 이런 뉴스가 나오는 종목은 반드시 매매를 피하셔야 합니다.

PART 4

중·소형주 낙폭과대주 매매하는 방법

- 분할매수

낙폭과대 장에서 중요한 것은 분할매수입니다. 물타기, 불타기, 분할매수 등 여러 가지 매수 방법이 있습니다. 매수자 입장에서 가장 유리한 매수 방법을 선택해 성공 확률을 높이는 것이 가장 중요합니다. 분할매수의 중요성은 잘하느냐 못하느냐에 따라 매매 성패가 결정되므로 분할매수를 위한 부단한 노력이 필요합니다. 이 책에 수록된 모든 기법은 분할매수가 원칙입니다.

둘째, 종목을 선정할 때 지수의 매수 포인트 기준을 먼저 잡고 투자자 여러분은 코스피 종목 매수 여부를 결정하고 코스닥 종목 매수 여부를 결정합니다. 우량주를 매매하는 투자자는 코스피 지수 매수 시점에서 확인한 후 코스피 우량주를 매수하시면 됩니다. 특히 코스피 지수 매수 변곡점에서는 코스피 우량주를 매수하고 코스닥 지수 매수 변곡점에서는 코스닥 우량주를 매수하는 포인트로 잡습니다.

세 번째 악재로 기업 존폐위기의 주식, 관리주, 우선주, 증100 주식, 4년 연속 영업이익 적자 기업 주식 등은 제외합니다.

- 중·소형주 낙폭과대주 매매기법

중·소형주 낙폭과대주는 중·소형주 중 낙폭이 과대한 종목을 저점에서 매수하는 방법으로 정배열 낙폭과대주 매매, 역배열 낙폭과대주 매매, 테마주 낙폭과대주 매매기법이 있습니다.

- 종목선정 조건

(1) 일반적으로 시가총액이 천억~1조 원인 종목이 매수 대상이 됩니다.
(2) 일봉상 RSI 보조지표에서 30 이하이거나 30을 돌파하는 종목입니다.
(3) 분할매수를 기본 조건으로 매매하셔야 합니다.
(4) 관리종목, 우선주, 증100, 천 원 이하 종목은 제외합니다.
(5) 재무제표상 영업이익이나 당기순이익이 4년 연속 적자인 기업은 제외합니다.
(6) 뉴스 악재, 배임·횡령, 유상증자, 불성실공시 법인 지정, 감사보고서 의견거절, 비적정, 한정의견 종목은 제외합니다.

- 매수·매도 조건

(1) 일봉상 RSI 보조지표가 30 이하이거나 30을 돌파하는 종목이 매매 조건입니다.
(2) 분할매수를 해야 한다면 1차 매수 후 -15% 하락 시 2차 매수, 2차 매수 후 -15% 하락 시 추가 매수합니다.

RSI 30 이하에 왔을 때 주가가 만 원인 종목의 예입니다.
1차 매수 3.3.4=천만 원 기준으로 3은 300만 원 1차 매수 후 -15% 하락하면 2차 매수, 3=300만 원 매수 후 -15% 하락하면 마지막 4=400만 원 매수하는 방법입니다.
(3) 1차 매수 후 주가가 10% 이상 상승하면 매도합니다.
(4) 1차 매수 후 상승하면 1차 매수분에 대해서는 차익실현합니다. 2차 매수 시점에 오면 추가매수 후 10% 수익 때 매도합니다.

유의사항

(1) 매수 포인트에 오면 악재 발생 여부를 반드시 확인합니다.
(2) 매수 포인트에 오면 재무제표를 확인합니다.
(3) 무조건 분할매수를 해야 합니다.
(4) 10% 이상 수익이거나 20일선에 왔을 때 매도합니다.

실전사례 1

세종메디칼

시가총액 1,691억 원

기업 개요

복강경 수술용 기구를 포함한 의료기기를 생산·판매하는 전문업체입니다. 주요 제품은 복강경 수술에 사용되는 일회용 투관침, 일회용 수동식 의료용 개창 기구, 일회용 생체검사용 도구, 일회용 흡수성 봉합사, 의료용 봉합기 등입니다. GMP 인증, ISO 인증, 유럽 CE 인증, 일본 JFDA 인증을 받았습니다. 인증 취득 등을 비롯해 복강경 수술과 관련된 80건 이상의 특허와 디자인 출원을 보유 중입니다. 경구용 코로나19 치료제를 개발 중인 제넨셀의 지분을 보유하고 있습니다.

그림 66

2022년 11월 17일 RSI 보조지표 30 이하 포착가격은 2,800원입니다. 여기가 1차 매수가격입니다. 1차 매수 후 -15% 하락하는 2,400원이 추가 매수할 자리입니다. 차트상 1차 매수 포인트 이후 2차 매수가격인 2,400원 자리까지 하락하지 않아 1차 매수 완료 후 주가는 상승했습니다. 20일선 자리인 3,200원이 매도 자리였습니다.

IFRS(연결)	2019/12	2020/12	2021/12	2022/09	전년동기	전년동기(%)
매출액	162	151	180	122	133	-8.2
매출원가	60	72	93	62	70	-12.4
매출총이익	102	79	87	60	63	-3.5
판매비와관리비	65	84	102	88	72	22.5
영업이익	38	-5	-15	-27	-9	적자지속
영업이익(발표기준)	38	-5	-15	-27	-9	적자지속
금융수익	6	4	4	7	3	120.1
금융원가	1	4	6	31	2	1319.1
기타수익	2	16	9	42	2	2455.8
기타비용	7	12	45	23	11	113.9
종속기업,공동지배기업및관계기업관련손익		-0	1	-4	1	적자전환
세전계속사업이익	37	-1	-52	-37	-16	적자지속

그림 67

세종메디칼은 2019년 영업이익 38억 원, 2020년 -5억 원 적자, 2021년 -15억 원 적자, 2022년 -27억 원 적자로 3년 연속 적자 기업입니다. 매매 시 주의하셔야 합니다.

1153	세종메디칼 5/5 1차매수 3000원이하	신현식대표 스마트밴드	2022-11-21 09:31:25

그림 68

위와 같이 2022년 11월 21일 1차 매수 후 주가 급등, 단기 20일선에서 매도 완료

실전사례 2

실리콘투

시가총액 1,393억 원

기업 개요

K-Beauty(화장품), 전자상거래(이커머스) 플랫폼업체로 K-Beauty 브랜드 제품을 자사 플랫폼인 Stylekorean.com을 통해 전 세계 약 150여 개국에 E-Commerce 역직구(Retail) 판매 및 기업고객(Wholesale)에게 수출 중이며 해외 지사를 이용한 철저한 현지화 사업과 국내 최초 AGV 물류 로봇을 이용한 스마트 물류센터를 기반으로 고도화된 Retail/Wholesale 플랫폼을 운영 중입니다.

매출 유형은 CA(Corporate Account), PA(Personal Account), DS(Drop Shipping), BM(Brand Management) 등으로 구분되며 매출의 대부분은 Wholesale 플랫폼을 통해 발생하는 CA 매출에서 발생합니다. 신규 사업으로 K-Food 글로벌 유통사업 등을 추진 중입니다.

그림 69

    2019년 영업이익 44억 원, 2020년 영업이익 80억 원, 2021년 영업이익 88억 원, 2022년 9월 영업이익 98억 원으로 영업이익은 지속적으로 우상향 중입니다.

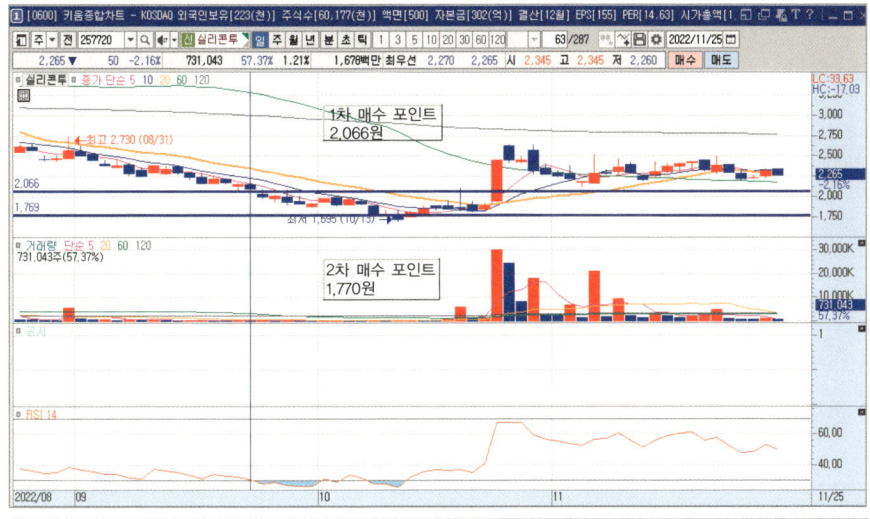

그림 70

    2022년 10월 RSI 30 이하 1차 매수가격 2,066원에 포착되었습니다. -15% 하락한 2차 매수가격은 1,765원입니다. 2차 매수 후 평균 매수단가는 1,915원입니다. 추가매수 후 주가는 급등해 2,500원 이상 상승했습니다. 이렇게 주가가 저점일 때는 분할매수로 대응하셔야 합니다. 1차 매수 후 손절이 아닌 추가매수로 대응하셔야 합니다. 추가매수 후 주가는 상승 추세를 보입니다.

실전사례 3

까뮤이앤씨

기업 개요

건설·토목공사 등의 종합건설업과 Precast Concrete(P.C) 제품 제조·판매업, 부동산 임대업 등을 영위하는 업체입니다. 최대주주는 베이스에이치디 외(35.95%)입니다. 2015년 12월 삼환까뮤에서 까뮤이앤씨로 상호변경했습니다.

Update: 2022.06.21

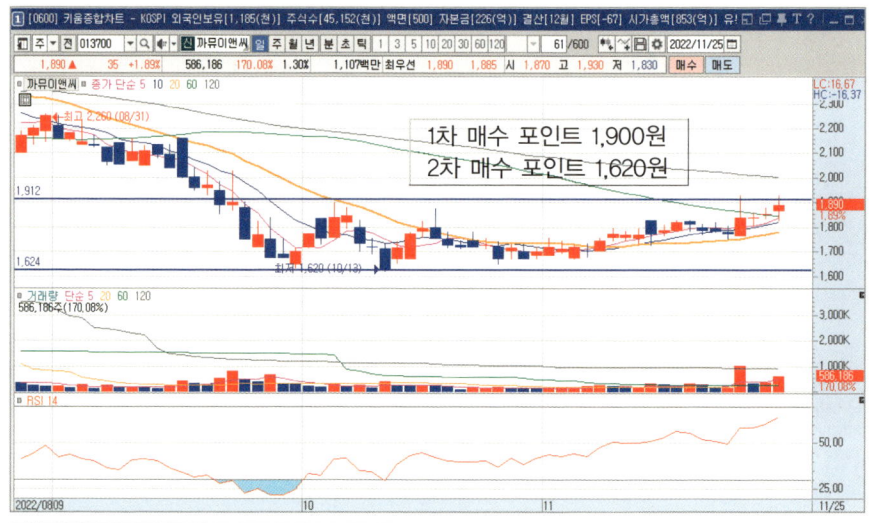

그림 71

2022년 9월 말 무렵 RSI 30 이하 1차 매수가격 1,900원에 포착되었습니다. 1차 매수 후 주가가 -15% 하락하면 추가매수입니다. 2차 매수가격은 1,620원이었습니다. 2차 매수 완료 후 평균 매수단가는 1,760원입니다.

추가매수 후 주가는 1,890원까지 상승했습니다.

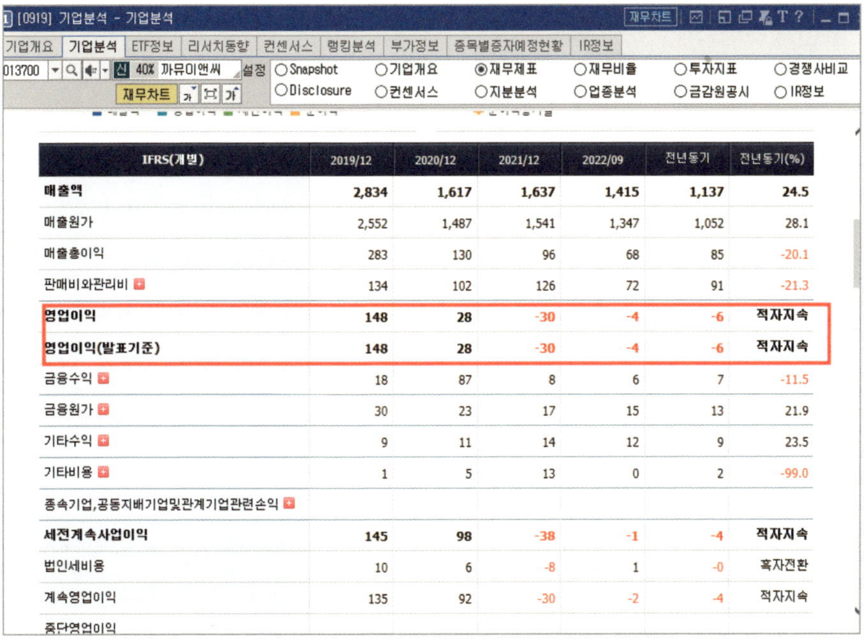

IFRS(개별)	2019/12	2020/12	2021/12	2022/09	전년동기	전년동기(%)
매출액	**2,834**	**1,617**	**1,637**	**1,415**	**1,137**	**24.5**
매출원가	2,552	1,487	1,541	1,347	1,052	28.1
매출총이익	283	130	96	68	85	-20.1
판매비와관리비	134	102	126	72	91	-21.3
영업이익	**148**	**28**	**-30**	**-4**	**-6**	**적자지속**
영업이익(발표기준)	**148**	**28**	**-30**	**-4**	**-6**	**적자지속**
금융수익	18	87	8	6	7	-11.5
금융원가	30	23	17	15	13	21.9
기타수익	9	11	14	12	9	23.5
기타비용	1	5	13	0	2	-99.0
종속기업,공동지배기업및관계기업관련손익						
세전계속사업이익	**145**	**98**	**-38**	**-1**	**-4**	**적자지속**
법인세비용	10	6	-8	1	-0	흑자전환
계속영업이익	135	92	-30	-2	-4	적자지속
중단영업이익						

그림 72

까뮤이앤씨는 2019년 영업이익 148억 원, 2020년 영업이익 28억 원, 2021년 영업이익 −30억 원 적자, 2022년 9월 −4억 원 적자로 2년 연속 적자가 발생했습니다. 큰 악재는 아니므로 매매 가능합니다.

실전사례 4

두산테스나

기업 개요

시스템반도체 테스트 전문업체입니다. Logic 및 Mixed Signal IC를 포함한 SoC, CMOS 이미지센서(CIS), Micro Controller/Smart Card IC 및 Analog 반도체 테스트가 주요 사업 영역이며 주요 매출처는 삼성전자와 SK하이닉스입니다. 최대주주는 두산인베스트먼트(17.82%), 주요 주주는 국민연금관리공단(7.91%)입니다. 2022년 5월 테스나에서 두산테스나로 상호변경했습니다.

그림 73

2022년 9월 말 무렵 RSI 30 이하 1차 매수가격 24,000원이 포착되었습니다. 1차 매수 이후 주가는 하락해 2차 매수가격 20,400원까지 하락했습니다. 추가 매수해 평균 매수단가는 22,200원이 되었습니다. 이후 주가는 35,400원까지 급등한 모습입니다.

IFRS(개별)	2019/12	2020/12	2021/12	2022/09	전년동기	전년동기(%)
매출액	968	1,325	2,076	1,841	1,440	27.8
매출원가	664	993	1,499	1,355	1,067	26.9
매출총이익	304	332	577	486	373	30.4
판매비와관리비	63	26	36	63	25	153.8
영업이익	242	306	541	423	348	21.6
영업이익(발표기준)	242	306	541	423	348	21.6
금융수익	5	9	3	9	4	151.8
금융원가	20	52	31	63	43	46.8
기타수익	27	43	31	16	21	-24.5
기타비용	17	50	25	45	15	202.3
종속기업,공동지배기업및관계기업관련손익	-10	-2	-1	-1	-0	적자지속
세전계속사업이익	226	253	517	340	315	7.9

그림 74

2019년 영업이익 242억 원, 2020년 영업이익 306억 원, 2021년 영업이익 541억 원, 2022년 9월 영업이익 423억 원입니다. 두산테스나 영업이익은 지속적으로 발생 중입니다. 재무제표상 적자가 안 보이므로 매매 적합합니다.

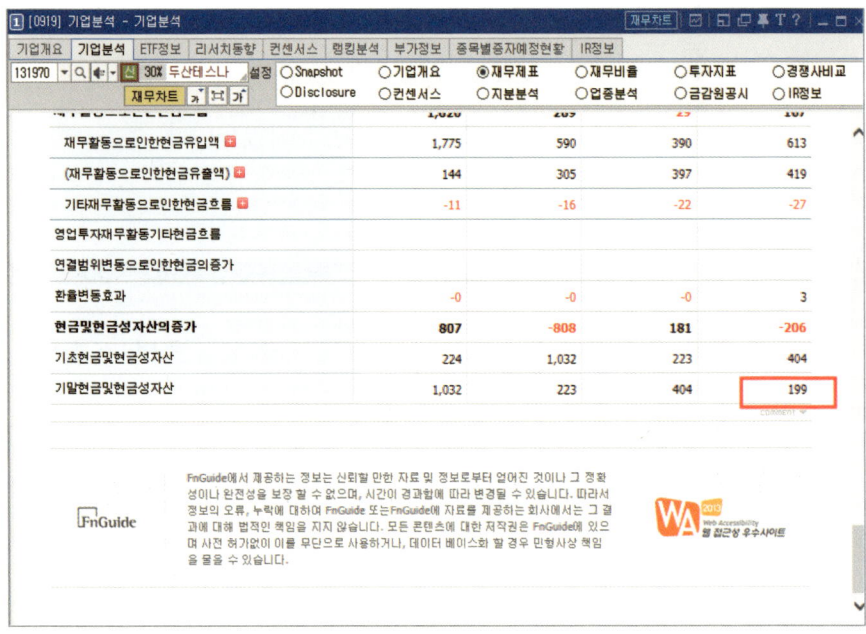

그림 75

    2022년 9월 말 기준 두산테스나의 현금성 자산도 199억 원으로 향후 유상증자 가능성은 커 보이지 않습니다. 기말현금성 자산이 적을수록 유상증자 가능성이 크므로 재무제표에서 기말현금성 자산을 반드시 확인하셔야 합니다.

실전사례 5

모아데이터

기업 개요

국내 최초로 인공지능(AI) 기술을 활용한 이상 탐지 및 예측 솔루션 제품을 출시한 인공지능 전문업체로 AI 기반 ICT 시스템, 이상 탐지 및 예측용 장비 개발·제조가 주요 사업이며 주요 제품은 2015년 개발·출시한 AIOps 제품인 페타온 포케스터입니다. 2020년 9월 헬스케어 전문기업(M사)과의 신체 나이 측정 서비스 및 질병 예측 서비스에 AI 분석 서비스를 제공하는 계약을 체결하는 등 헬스케어 산업에도 진출했습니다.

그림 76

2022년 9월 차트상 1차 매수 포인트가 포착되었습니다. 1차 매수 포인트 가격은 1,787원입니다. 1차 매수 이후 주가는 -15% 2차 매수가격까지 추가 하락했습니다. 평균 매수단가는 1,662원이며 이후 주가는 3,400원까지 상승했습니다.

그림 77

IFRS(연결)	2019/12	2020/12	2021/12	2022/09	전년동기	전년동기(%)
매출액	**87**	**138**	**196**	**149**	**144**	**3.6**
매출원가	51	75	110	79	77	2.4
매출총이익	36	63	87	70	67	4.9
판매비와관리비	15	32	60	65	46	41.1
영업이익	**21**	**31**	**27**	**5**	**21**	**-75.1**
영업이익(발표기준)	**21**	**31**	**27**	**5**	**21**	**-75.1**
금융수익	0	3	0	0	0	843.4
금융원가	2	11	16	3	15	-77.8
기타수익	0	1	0	1	0	28.5
기타비용	0	0	0	0	0	-49.5
종속기업,공동지배기업및관계기업관련손익						
세전계속사업이익	**19**	**24**	**12**	**3**	**6**	**-53.0**
법인세비용	1	3	1	0	1	-61.9
계속영업이익	18	21	11	2	5	-50.5
중단영업이익						

그림 78

2019년 영업이익 21억 원, 2020년 영업이익 31억 원, 2021년 영업이익 27억 원, 2022년 9월 영업이익 5억 원을 달성했으며 재무제표상 큰 문제가 없는 기업이므로 매수 가능합니다. 영업이익이 지속적으로 감소 중이지만 회사가 유상증자할 가능성은 적어 보이므로 매매 대상입니다.

실전사례 6

지엔원에너지
기업 개요

기업인수목적회사(SPAC) 하나금융10호스팩이 지열 냉·난방 공조 설계 업체 지엔원에너지를 흡수·합병함에 따라 변경 상장했습니다. 친환경 자연 에너지인 지중 열을 이용한 건물·시설물의 냉·난방시스템 설치·시공이 주력 사업이며 연료전지 제조업체 두산퓨얼셀과 MOU를 체결하고 두산퓨얼셀의 건물용 연료전지를 바탕으로 설계부터 시공까지 진행하는 연료전지 사업을 영위 중입니다.

그림 79

2022년 9월 말 RSI 30 이하에서 1차 매수 포인트를 포착했으며 매수 가격은 2,639원입니다. 1차 매수 후 -15% 하락한 2,237원에 추가매수 후 주가는 추가 하락했습니다. 2차 매수까지 완료한 후 평균 매수단가는 2,438원입니다. 2차 매수 후 주가는 급등해 5,000원 이상 상승하는 모습입니다.

IFRS(개별)	2019/12	2020/12	2021/12	2022/09	전년동기	전년동기(%)
매출액	358	304	251	155	193	-19.7
매출원가	294	269	226	157	172	-8.9
매출총이익	64	35	26	-2	21	적자전환
판매비와관리비	32	23	37	3	19	-82.8
영업이익	32	11	-11	-5	2	적자전환
영업이익(발표기준)	32	11	-11	-5	2	적자전환
금융수익	1	2	2	3	1	122.0
금융원가	1	0	0	0	0	8.8
기타수익	0	1	0	0	0	-38.2
기타비용	0	49	0	0	0	144.2
종속기업,공동지배기업및관계기업관련손익		-1	-2	-1	-1	적자지속
세전계속사업이익	32	-36	-11	-4	2	적자전환
법인세비용	5	-0	-2	1	1	69.2
계속영업이익	27	-36	-9	-5	1	적자전환
중단영업이익						

그림 80

지엔원에너지는 2019년 영업이익 32억 원, 2020년 영업이익 11억 원, 2021년 영업이익 -11억 원 적자, 2022년 9월 -5억 원 적자로 2년 연속 적자를 기록 중이지만 회사 존폐위기는 없는 종목이므로 매매 가능했습니다.

PART 5

우량주 낙폭과대주 매매하는 방법

- 우량주 낙폭과대주 매매기법

우량주 낙폭과대주는 중·소형주에서 낙폭이 과대한 종목을 저점에서 매수하는 방법으로 정배열 낙폭과대주 매매, 역배열 낙폭과대주 매매, 테마주 낙폭과대주 매매기법이 있습니다.

- 종목선정 조건

(1) 일반적으로 시가총액 1조 원 이상 종목이 매수 대상입니다.
(2) 일봉상 RSI 보조지표 30 이하이거나 30을 돌파하는 종목입니다.
(3) 분할매수를 기본 조건으로 매매해야 합니다.
(4) 관리종목, 우선주, 증100, 천 원 이하 주식은 제외합니다.
(5) 재무제표상 영업이익이나 당기순이익 3년 연속 적자 기업은 제외합니다.

(6) 뉴스 악재, 배임·횡령, 유상증자, 불성실공시 법인 지정, 감사보고서 의견거절, 비적정, 한정의견 종목은 제외합니다.

- 매수·매도 조건

(1) 일봉상 RSI 보조지표 30 이하이거나 30을 돌파하는 종목입니다.
(2) 분할매수해야 한다면 1차 매수 후 -10% 하락 시 2차 매수, 2차 매수 후 -10% 하락 시 추가 매수합니다. RSI 30 이하에 왔을 때 가격이 만 원인 주식의 예입니다.
1차 매수 3.3.4=천만 원 기준으로 3은 300만 원 1차 매수 후 -10% 하락하면 2차 매수 3=300만 원 매수 후 -10% 하락하면 마지막 4=400만 원을 매수하는 방법입니다.
(3) 1차 매수 후 주가가 10% 이상 상승 시 매도입니다.
(4) 1차 매수 후 상승하면 1차 매수분에 대해서는 차익실현합니다. 2차 매수 시점에 오면 추가매수 후 10% 수익 시 매도합니다.

유의사항

(1) 매수 포인트에 오면 악재 발생 여부부터 반드시 확인합니다.
(2) 매수 포인트에 오면 재무제표를 확인합니다.
(3) 분할매수를 무조건 해야 합니다.
(4) 10% 이상 수익이거나 20일선에 오면 매도합니다.

실전사례 1

삼성전자
기업 개요

한국 및 DX 부문 해외 9개 지역과 DS 부문 해외 5개 지역을 총괄하며 SDC, Harman 등 233개 종속기업으로 구성된 글로벌 전자기업입니다. 세트사업(DX)에는 TV, 냉장고 등을 생산하는 CE 부문과 스마트폰, 네트워크시스템, 컴퓨터 등을 생산하는 IM 부문이 있습니다. 부품사업(DS)에서는 D램, 낸드플래시, 모바일 AP 등의 제품을 생산하는 반도체 사업과 TFT-LCD 및 OLED 디스플레이 패널을 생산하는 DP 사업으로 구성됩니다.

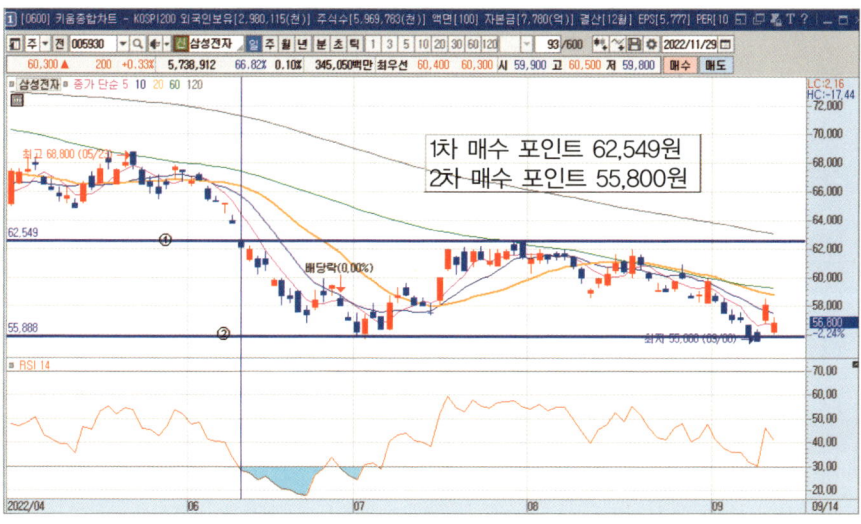

그림 81

삼성전자 차트입니다. 2022년 6월 RSI 30 이하로 내려온 가격은 62,500원입니다. 1차 매수 시점입니다. 1차 매수 후 주가는 추가 하락했습니다. -10% 하락한 가격은 55,800원입니다. 1차 매수가격 62,500원, 2차 매수가격 55,800원이면 평균 매수단가는 59,150원입니다. 추가매수 후 7월 중순 주가가 62,000원까지 상승한 모습입니다.

IFRS(연결)	2019/12	2020/12	2021/12	2022/09	전년동기	전년동기(%)
매출액	2,304,009	2,368,070	2,796,048	2,317,668	2,030,393	14.1
매출원가	1,472,395	1,444,883	1,664,113	1,414,140	1,214,648	16.4
매출총이익	831,613	923,187	1,131,935	903,527	815,745	10.8
판매비와관리비	553,928	563,248	615,596	512,822	438,073	17.1
영업이익	277,685	359,939	516,339	390,705	377,671	3.5
영업이익(발표기준)	277,685	359,939	516,339	390,705	377,671	3.5
금융수익	101,616	122,676	85,432	156,330	66,867	133.8
금융원가	82,749	113,181	77,046	142,659	60,072	137.5
기타수익	17,787	13,841	22,057	14,803	14,656	1.0
기타비용	14,147	24,889	20,560	13,370	15,239	-12.3
종속기업,공동지배기업및관계기업관련손익	4,130	5,065	7,296	8,046	6,008	33.9
세전계속사업이익	304,322	363,451	533,518	413,856	389,889	6.1
법인세비용	86,933	99,373	134,444	95,729	99,194	-3.5
계속영업이익	217,389	264,078	399,075	318,126	290,695	9.4

그림 82

삼성전자 재무제표입니다. 2019년 영업이익 약 27조 원, 2020년 영업이익 약 35조 원, 2021년 영업이익 약 51조 원, 2022년 9월 영업이익 약 39조 원을 기록했습니다. 재무제표상 3년 연속 적자 여부만 확인하고 매매합니다.

실전사례 2

LG전자
기업 개요

LG그룹 계열의 글로벌 가전 및 정보통신기기 제조업체로 주요 브랜드로는 LG 시그니처(SIGNATURE), 디오스, 트롬, 휘센 등을 보유 중입니다. 사업본부는 홈엔터테인먼트(TV, Audio, 뷰티기기 등), 홈어플라이언스&에어솔루션(냉장고, 세탁기, 에어컨, 청소기 등), 비이클 컴포넌트(텔레매틱스, 디스플레이 오디오, 내비게이션 등 차량용 통신 및 멀티미디어 제품), 비즈니스 솔루션즈(모니터, PC, 인포메이션 디스플레이 등) 등으로 분류됩니다. 2021년 7월 MC 사업 부문(휴대폰 사업)은 영업정지되었습니다. 주요 종속회사로 LG이노텍, 하이프라자, 엘지마그나, 이파워트레인 등을 보유 중입니다.

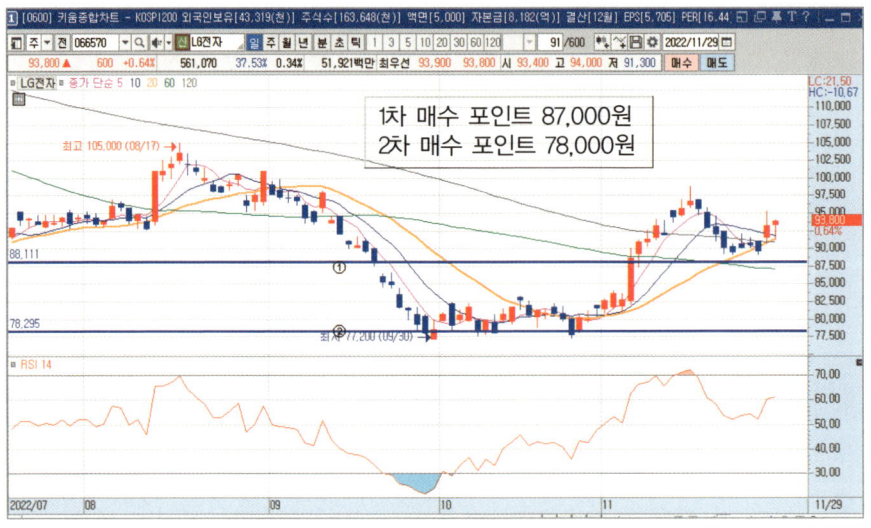

그림 83

LG전자 차트입니다. 일봉상 RSI 30 이하로 내려오는 2022년 9월 중순 1차 매수 포인트가 발생했습니다. 포착가격은 87,000원입니다. 1차 매수가격 대비 -10% 하락한 가격이 2차 매수가격입니다. 79,000원. 1차 매수와 2차 매수에 추가 매수했다면 평균 매수단가는 83,000원이 됩니다. 추가매수 후 주가는 10만 원 근처까지 상승하는 흐름이 나왔습니다. 이렇게 분할매수로 대응하셔야 시장에서 수익을 낼 수 있습니다.

IFRS(연결)	2019/12	2020/12	2021/12	2022/09	전년동기	전년동기(%)
매출액	623,062	580,579	747,216	616,098	531,329	16.0
매출원가	469,706	425,492	558,488	456,076	390,032	16.9
매출총이익	153,356	155,087	188,729	160,023	141,297	13.3
판매비와관리비	128,994	116,036	150,091	125,205	108,170	15.7
영업이익	24,361	39,051	38,638	34,817	33,127	5.1
영업이익(발표기준)	24,361	39,051	38,638	34,817	33,127	5.1
금융수익	4,262	5,939	5,962	7,969	4,268	86.7
금융원가	7,140	8,928	6,904	7,911	4,657	69.9
기타수익	13,760	23,473	18,741	25,579	12,524	104.2
기타비용	19,436	25,860	25,491	24,976	12,636	97.7
종속기업,공동지배기업및관계기업관련손익	-10,521	-242	4,489	-4,416	3,842	적자전환
세전계속사업이익	5,286	33,433	35,434	31,061	36,469	-14.8
법인세비용	3,487	5,964	9,786	8,904	8,798	1.2
계속영업이익	1,799	27,469	25,648	22,157	27,670	-19.9
중단영업이익		-6,831	-11,499	-1,402	-13,734	적자지속

그림 84

LG전자는 2019년 영업이익 2조 4천억 원부터 2022년까지 영업이익이 꾸준히 흑자입니다. 우리는 가치 투자하는 것이 아니라 단기로 진입해 매수할 때 회사에 문제가 발생할 가능성 여부만 확인합니다.

실전사례 3

현대차

기업 개요

현대차는 1967년 12월 설립되어 1974년 6월 28일 유가증권시장에 상장되었습니다. 동사는 자동차 및 자동차 부품을 제조·판매하는 완성차 제조업체로 현대자동차그룹에 속해 있으며 현대자동차그룹에는 동사를 포함해 국내 53개 계열사가 있습니다. 소형 SUV 코나, 대형 SUV 팰리세이드, 제네시스 G80 및 GV80 등을 출시해 SUV 및 고급차 라인업을 강화했으며 수소전기차 넥소를 출시했습니다.

그림 85

현대차 차트입니다. 2022년 10월 초 RSI 30 이하 1차 매수가격 170,000원에 포착되었습니다. 현대차는 2차 매수가격까지 오지 않아 1차 매수 후 반등한 부분에 대해서만 차익실현합니다. 역배열에서 저항선은 20일선, 60일선입니다. 단기적으로 주가는 180,000원까지 상승한 모습입니다.

IFRS(연결)	2019/12	2020/12	2021/12	2022/09	전년동기	전년동기(%)
매출액	1,057,464	1,039,976	1,176,106	1,040,039	865,842	20.1
매출원가	880,914	855,159	956,801	834,732	705,826	18.3
매출총이익	176,550	184,817	219,305	205,307	160,015	28.3
판매비와관리비	140,495	160,870	152,515	140,702	108,522	29.7
영업이익	36,055	23,947	66,789	64,605	51,493	25.5
영업이익(발표기준)	36,055	23,947	66,789	64,605	51,493	25.5
금융수익	8,271	8,139	9,128	10,012	4,670	114.4
금융원가	4,752	9,560	5,484	8,052	3,700	117.6
기타수익	11,210	13,086	14,473	21,996	10,628	107.0
기타비용	14,574	16,301	18,344	19,892	8,572	132.1
종속기업,공동지배기업및관계기업관련손익	5,428	1,622	13,034	13,425	10,333	29.9
세전계속사업이익	41,638	20,933	79,596	82,094	64,853	26.6
법인세비용	9,781	1,687	22,665	19,357	14,936	29.6
계속영업이익	31,856	19,246	56,931	62,737	49,917	25.7

그림 86

현대차는 2019년 영업이익 3조 6천억 원, 2020년 영업이익 2조 3천억 원, 2021년 영업이익 6조 6천억 원, 2022년 9월 영업이익 6조 4천억 원으로 2019년부터 2022년까지 지속적으로 영업이익이 발생했습니다.

실전사례 4

POSCO홀딩스
기업 개요

포스코그룹의 지주회사로 2022년 3월 철강생산 및 판매사업 등을 분할해 신설회사 포스코(POSCO)를 설립하고 포스코홀딩스 지주회사 체제로 출범했습니다. 국내 철강시장에서의 독점적 지위와 세계적 경쟁력을 보유한 POSCO를 100% 자회사로 보유 중이며 포스코인터내셔널, 포스코 ICT, 포스코건설 등을 자회사로 보유 중입니다.

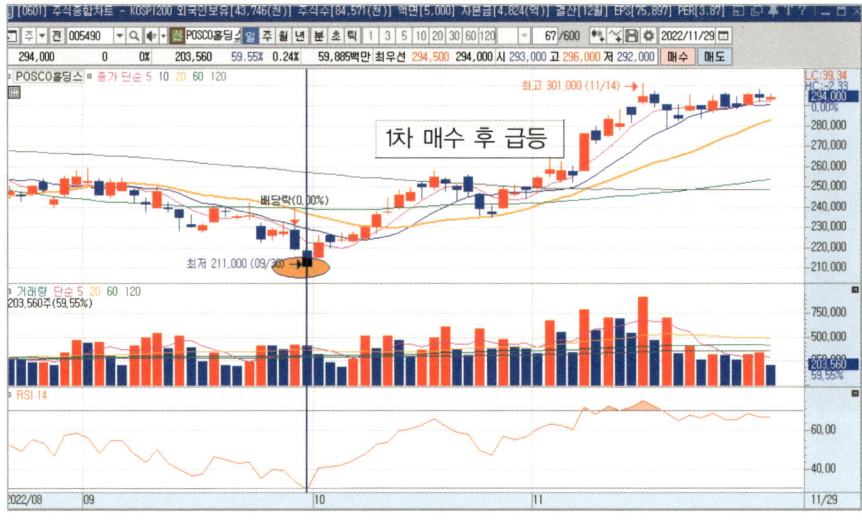

그림 87

POSCO홀딩스 차트입니다. 2022년 9월 말 RSI 30 이하 210,000원에서 1차 매수 후 주가는 급등했습니다. 210,000원 이후 목표가 301,000원에 고점이 형성되었습니다. 2차 매수가격이 안 오면 그대로 1차 매수분에서만 차익실현하시면 됩니다.

IFRS(연결)	2019/12	2020/12	2021/12	2022/09	전년동기	전년동기(%)
매출액	643,668	577,928	763,323	655,027	549,981	19.1
매출원가	581,165	530,724	644,512	582,328	462,585	25.9
매출총이익	62,504	47,204	118,811	72,699	87,395	-16.8
판매비와관리비	23,815	23,174	26,430	19,944	18,698	6.7
영업이익	38,689	24,030	92,381	52,754	68,698	-23.2
영업이익(발표기준)	38,689	24,030	92,381	52,754	68,698	-23.2
금융수익	18,721	26,775	27,301	45,881	21,015	118.3
금융원가	22,421	28,924	27,652	46,785	21,976	112.9
기타수익	4,509	4,023	5,780	3,209	3,964	-19.0
기타비용	11,703	6,987	10,145	5,059	4,061	24.6
종속기업,공동지배기업및관계기업관련손익	2,737	1,333	6,496	4,287	5,529	-22.5
세전계속사업이익	30,533	20,251	94,161	54,288	73,168	-25.8
법인세비용	10,706	2,369	22,202	11,313	17,432	-35.1
계속영업이익	19,826	17,882	71,959	42,975	55,736	-22.9

그림 88

2019년 영업이익 3조 8천억 원, 2020년 영업이익 2조 4천억 원, 2021년 영업이익 9조 2천억 원, 2022년 9월 영업이익 5조 2천억 원을 올렸습니다.

실전사례 5

LG에너지솔루션
기업 개요

LG에너지솔루션은 EV, ESS, IT 기기, LEV 등에 적용되는 전지제품의 연구·개발·제조·판매 사업을 영위하고 있습니다. EV용 배터리의 경우, 경쟁사 대비 앞선 개발·공급 및 높은 에너지 밀도 등의 제품경쟁력을 바탕으로 Global 자동차 OEM의 대부분을 고객으로 확보하고 있습니다. 배터리 Recycle/Reuse 사업과 배터리·차량 관련 데이터를 활용해 부가가치를 창출하는 BaaS 사업 등을 추진할 계획입니다.

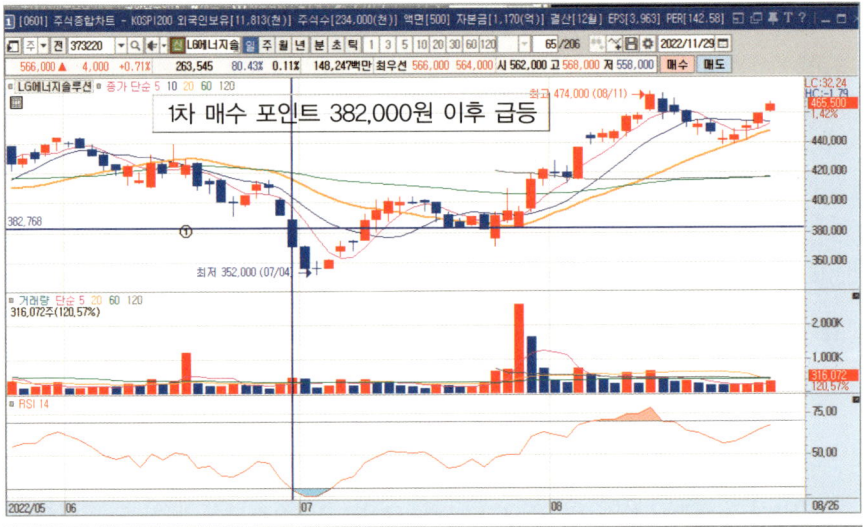

그림 89

2022년 6월 RSI 30 이하 1차 매수가격 382,000원, 2차 매수가격 343,000원으로 2차 매수가격은 오지 않았습니다. 1차 매수 후 주가는 474,000원까지 상승했습니다.

IFRS(연결)	2019/12	2020/12	2021/12	2022/09	전년동기	전년동기(%)
매출액		14,611	178,519	170,611	134,125	27.2
매출원가		12,370	139,531	140,692	101,594	38.5
매출총이익		2,240	38,988	29,919	32,532	-8.0
판매비와관리비		6,993	31,303	20,156	25,605	-21.3
영업이익		-4,752	7,685	9,763	6,927	40.9
영업이익(발표기준)		-4,752	7,685	9,763	6,927	40.9
금융수익		288	3,400	4,841	2,683	80.4
금융원가		1,388	2,953	7,256	2,855	154.2
기타수익		522	4,650	10,276	4,084	151.6
기타비용		731	4,895	11,069	4,081	171.2
종속기업,공동지배기업및관계기업관련손익		12	-116	-254	-5	적자지속
세전계속사업이익		-6,049	7,772	6,300	6,754	-6.7
법인세비용		-1,473	765	1,258	469	168.1
계속영업이익		-4,575	7,007	5,043	6,284	-19.8
중단영업이익		57	2,292		2,296	

그림 90

LG 에너지솔루션은 2020년 영업이익 -4,752억 원 적자, 2021년 영업이익 7,685억 원, 2022년 9월 영업이익 9,763억 원(전년 동기 대비 40.9% 증가), 2022년 9월 당기순이익 6,754억 원(전년 동기 대비 -6.7% 감소)을 기록했습니다.

실전사례 6

현대중공업

기업 개요

현대중공업은 선박, 해양구조물, 플랜트, 엔진 등의 제조·판매가 주력 사업으로 2019년 6월 1일 한국조선해양 주식회사에서 물적 분할되어 신규 설립되었습니다. 조선업이 약 75%로 가장 높은 매출 비중을 차지하고 있으며 일반 상선, 고부가가치 가스선, 해양 관련 선박, 최신예 함정 등을 건조합니다. 해양플랜트사업은 원유 생산·저장 설비공사, 발전·화공플랜트 공사를 수행하며 엔진·기계 사업은 대형 엔진, 고출력 엔진, 육상용 엔진 발전설비 등을 공급합니다.

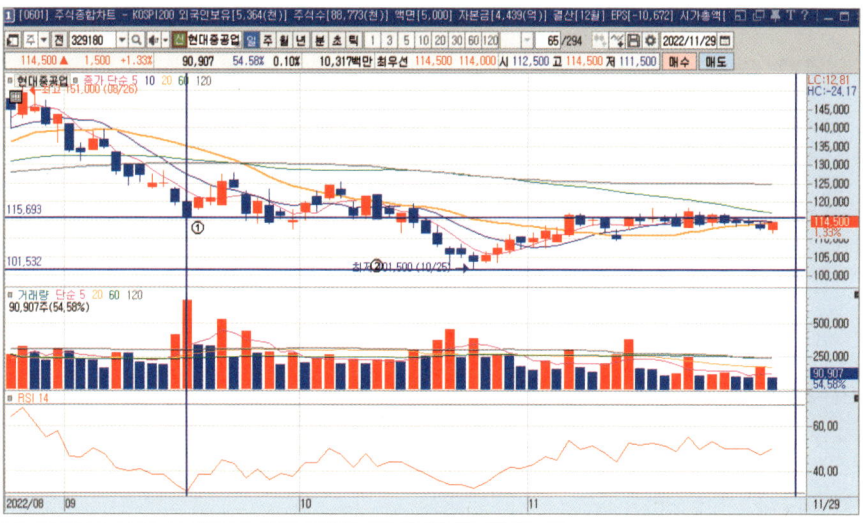

그림 91

현대중공업 차트입니다. RSI 30 이하 포착가격은 115,000원으로 1차 매수가격 이후 2차 매수가격은 오지 않았습니다. 1차 매수 후 2차 매수 포지션을 잡지 않고 주가는 기술적 반등 후 큰 수익이 발생하지 않는 경우, 매수가격 근처에서 손절하시고 종목을 교체하시길 권합니다.

IFRS(연결)	2019/12	2020/12	2021/12	2022/09	전년동기	전년동기(%)
매출액	54,567	83,120	83,113	63,712	58,354	9.2
매출원가	50,402	78,379	85,205	63,081	57,934	8.9
매출총이익	4,164	4,741	-2,092	631	421	50.0
판매비와관리비	2,870	4,416	5,911	3,744	3,616	3.5
영업이익	1,295	325	-8,003	-3,113	-3,196	적자지속
영업이익(발표기준)	1,295	325	-8,003	-3,113	-3,196	적자지속
금융수익	2,935	7,622	5,141	11,412	4,496	153.8
금융원가	2,625	7,806	9,997	30,672	9,203	233.3
기타수익	548	890	4,713	21,550	4,603	368.2
기타비용	3,189	6,432	2,962	1,783	744	139.5
종속기업,공동지배기업및관계기업관련손익			-6	-4	-5	적자지속
세전계속사업이익	-1,035	-5,401	-11,114	-2,611	-4,048	적자지속
법인세비용	-146	-1,087	-2,972	-708	-1,107	적자지속
계속영업이익	-889	-4,314	-8,142	-1,903	-2,941	적자지속

그림 92

2019년 영업이익 1,295억 원, 2020년 영업이익 325억 원, 2021년 영업이익 -8,003억 원 적자, 2022년 9월 영업이익 -3,113억 원 적자로 2년 연속 적자가 발생했지만 재무적으로 큰 문제는 없습니다.

PART 6

우량주 낙폭과대주 매매와 중·소형주 낙폭과대주 매매의 차이점

- 우량주 낙폭과대주는 시가총액 1조 원 이상인 주식을 대상으로 매매합니다.
- 중·소형주 낙폭과대주는 시가총액 천억~1조 원을 대상으로 매매합니다.
- 우량주 낙폭과대주는 1차 매수 후 -10% 하락 시 2차 매수합니다.
- 중·소형주 낙폭과대주는 1차 매수 후 -15% 하락 시 2차 매수합니다. 매수 후 1개월 안에 시세가 나지 않으면 매수가격 또는 -3% 이내에서 손절하시길 권합니다.

PART 7

테마주 낙폭과대주 매매하는 방법

– 테마주 낙폭과대주 매매란?

테마주란?

상장주식 중 계절, 의료, 환경, 정치 등 하나의 주제를 가진 사안으로 주가가 한꺼번에 변동하는 종목군을 말합니다. 개별적 특징을 지닌 종목, 특정 이슈에 의해 상승하는 업종군을 테마주라고 합니다. 매년 반복되는 일정에 따라 급등하는 종목은 계절적 테마주(여름: 선풍기, 겨울: 조류독감)라고 합니다.

– 테마주의 종류

- 계절주 테마주: 여름: 선풍기, 빙과류, 겨울: 조류독감
- 난방 관련주: 겨울방학, 여름방학

- 게임주
- 가족 테마주: 5월 어린이날(완구, 애니메이션, 콘텐츠)
- 정책주: 정부 정책에 따라 상승하는 업종이나 종목
- 남북경협주: 공공주택 250만 호 발표에 따라 상승하는 종목
- 원전주
- 정치 관련 주: 5년마다 반복되는 대선주, 총선주
- 네옴시티 관련주: 사우디아라비아의 사업비 600조 원 규모의 미래형 도시건설(5G, UMA, 자율주행)
- 우크라이나 재건 수혜주: 향후 러시아-우크라이나 휴전 가능성에 따른 건설주, 건설기계주

- 테마주의 강도

테마주는 상승 모멘텀이 강할수록 상승 기간이 길어지면 상승 강도도 강합니다. 미래의 확정된 호재가 있는 업종군을 미리 선취매해 현실화되기 전에 매도하는 방법이 있습니다. 2022년 12월 14일 아바타2 개봉에 따른 관련주를 미리 찾아 매수합니다. sm life design, IHQ, 초록뱀미디어. 주식을 잘 모르는 초보 투자자도 이 정도의 재료와 가치, 상승 가능성이 있는 테마주를 매매하셔야 합니다.

- 테마주 매매 요약

(1) 강력한 테마나 재료, 풍부한 유동성, 양호한 재무상태, 특정 날짜에 정해진 미래의 호재성 뉴스가 있는 주식(예: 2022년 12월 14일 아바타2 개봉)

(2) 테마주 중 대장주. 2등주까지 매매 가능합니다.

(3) 같은 테마주에서 유동성이 풍부한 종목 선택

(4) 특정 미래에 호재성 재료가 있는 종목

(5) 저점 대비 두 배 이상 상승한 테마주에서 하락해 첫 번째 120일선 근처에 진입한 주식

실전사례 1

윙스풋

기업 개요

윙스풋은 2007년 3월 설립 이후 국내 신발 유통사업을 영위하고 있으며 국내 및 글로벌 브랜드를 자사 유통망을 통해 매입·공급하고 있습니다. 국내 독점 라이선스 브랜드 '베어파우'의 경우, 런칭 초기부터 신제품 디자인 개발을 수행해 올 시즌 판매가 가능한 브랜드로 국내 시장에 자리매김했습니다. 온·오프라인, 홀세일, 수출 등 다양한 유통채널을 확보하고 있으며 연간 천억 원 규모의 물류센터를 확보하고 있습니다.

그림 93

    2022년 8월 2천 원대이던 주가가 10배 이상 상승했습니다. 테마주는 저점에서 최소한 두 배 이상 상승해야 하며 테마주에서 대장주를 매매하셔야 합니다. 고점에서 급락해 주가는 첫 번째 120일선까지 하락했습니다. 1차 매수가격은 3,770원입니다. 1차 매수 후 2차 매수가격은 오지 않고 60일선까지 상승했습니다. 10% 수익이 나거나 60일선에서 매도하시길 권합니다.

IFRS(개별)	2019/12	2020/12	2021/12	2022/09	전년동기	전년동기(%)
매출액	514	453	497			
매출원가	281	250	237			
매출총이익	233	203	259			
판매비와관리비	204	194	228			
영업이익	29	9	31			
영업이익(발표기준)	29	9	31			
금융수익	3	3	1			
금융원가	11	10	9			
기타수익	3	5	6			
기타비용	2	1	2			
종속기업,공동지배기업및관계기업관련손익						
세전계속사업이익	21	6	27			
법인세비용	3	1	7			
계속영업이익	18	5	20			

그림 94

윙스풋 재무제표입니다. 2019년 영업이익 29억 원, 2020년 영업이익 9억 원, 2021년 9월 영업이익 31억 원이 발생했습니다. 지속적으로 영업이익과 당기순이익이 발생하는 회사로 재무적 문제는 없습니다.

실전사례 2

한전기술

기업 개요

발전소 및 플랜트 관련 엔지니어링 업체로 원자력발전소 및 수·화력발전소 설계, 발전설비 O/M, 플랜트 건설사업, PM/CM 사업 등을 영위하고 있습니다. 세계에서 유일하게 원자로 계통 설계와 원전 종합설계 모두 수행 중이며 풍부한 설계 노하우와 고급기술 인력을 보유하고 있습니다. 체코 원전 수주를 목표로 APR1000 노형에 대한 표준설계 EUR 인증 취득을 추진 중이며 그 결과는 2023년 상반기로 예상됩니다.

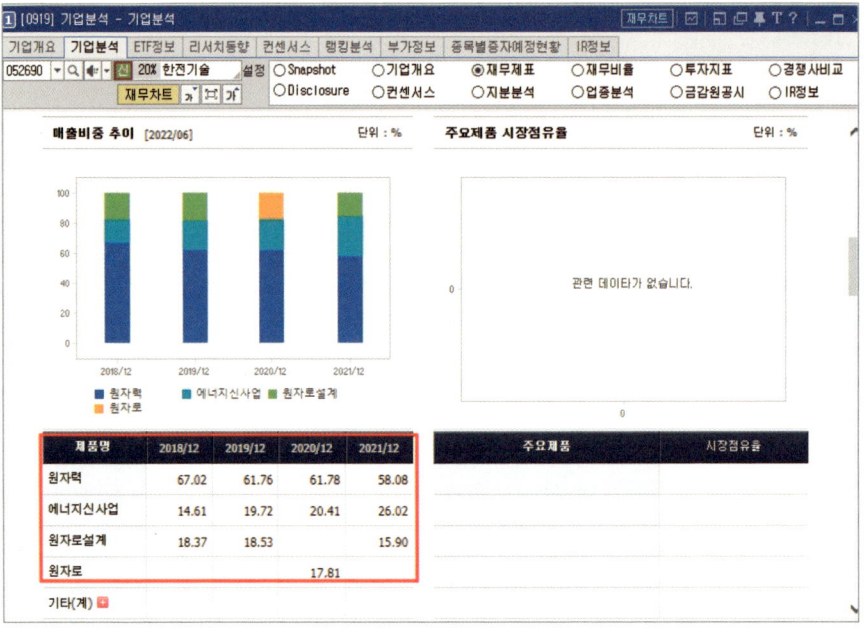

그림 95

전체 매출 중 원자력이 58.08%, 에너지 신사업이 26.02%, 원자로 설계가 15.90%를 차지합니다.

그림 96

2021년 15,000원대에서 움직이던 한전기술 주가가 단기간에 63,000원까지 상승한 모습입니다. 주가는 저점 대비 4배 이상 상승 후 단기 조정이 들어오고 있습니다. 테마주 낙폭과대주는 저점 대비 최소 2배 이상 상승해야 합니다. 상승률이 높을수록 테마가 강하다는 것을 매매 시 참고하셔야 합니다.

그림 97

한전기술 차트입니다. 급등하던 주가가 2021년 6월 기준 하락했습니다. 63,000원에서 급락해 첫 번째 120일선 눌림목 가격인 42,000원까지 하락했습니다. 1차 매수 포인트는 42,000원이며 1차 매수 후 추가 하락 없이 상승했습니다. 42,000원에서 52,000원까지 상승하는 흐름입니다. 10% 수익이 나거나 60일선에서 단기적으로 매도하는 전략이 유효합니다.

한전기술은 2021년 10월 4만 원대이던 주가가 단기 급등해 약 2.5배 상승한 후 하락했습니다. 주가가 저점 대비 최소 2배 이상 상승한 종목만 매매 대상입니다.

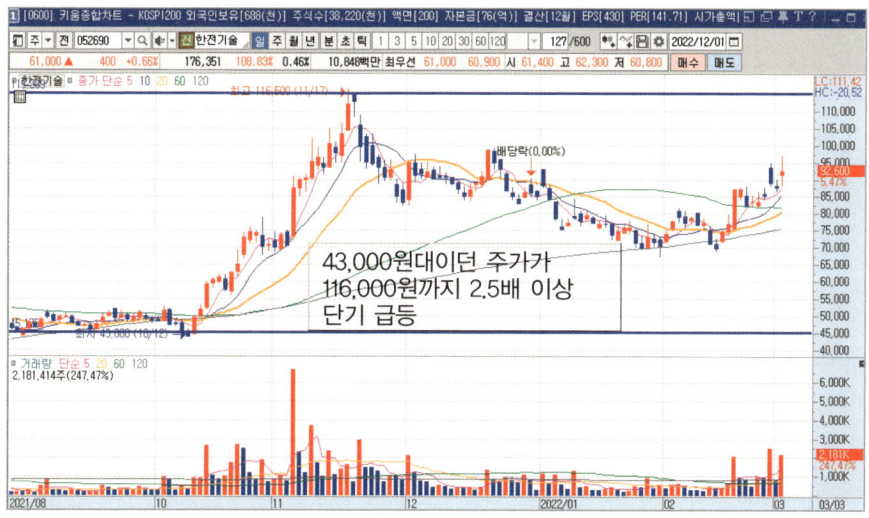

그림 98

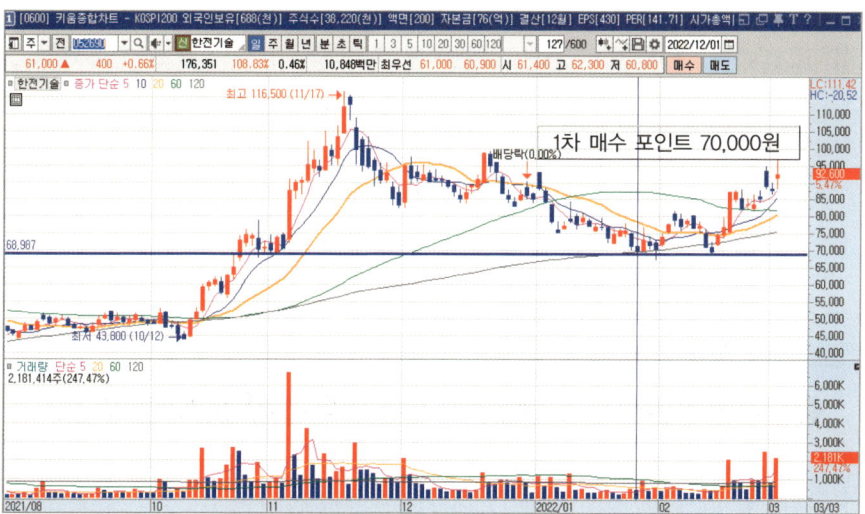

그림 99

    2022년 1월 말 무렵 주가는 첫 번째 120일선 가격인 70,000원 매수 포인트에 진입했습니다. 여기서 1차 매수 후 추가 하락 없이 상승했습니다. 60일선 가격이 단기적으로 80,000원까지 상승하는 흐름입니다.

실전사례 3

이수화학

기업 개요

1969년 1월에 설립된 이수화학은 1988년 4월 유가증권시장에 상장되었고 2016년 3월 이수화학으로 사명을 변경했습니다. 사업 부문은 크게 LAB, NP가 주력 제품인 석유화학, 건설사업, 의약사업으로 분류됩니다. 1990년대 노말 파라핀 공장을 완공해 그동안 수입에 의존해온 노말 파라핀을 완전 국산화하는 등 석유화학제품, 석유제품, 그 부산물의 제조·가공 및 판매업 등을 영위하고 있습니다.

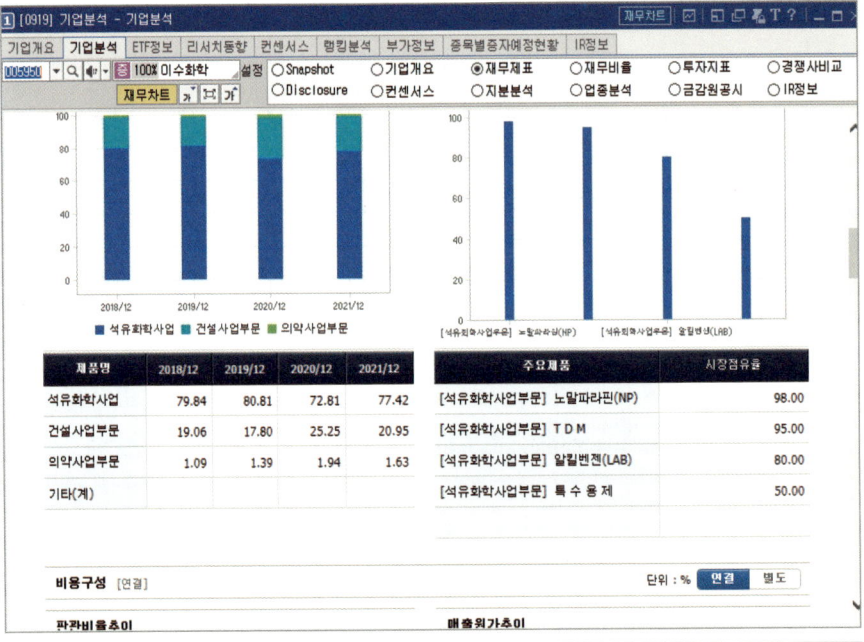

그림 100

2021년 12월 기준 전체 매출 중 석유화학 사업이 77.42%, 건설사업이 20.95%, 의약사업이 1.63%를 차지하고 있습니다. 석유화학사업 부문에서 노말 파라핀 시장점유율 98%, TDM 시장점유율 95%, 알킬벤젠 시장점유율 80%, 특수용제 시장점유율 50%를 차지하고 있습니다.

그림 101

2021년 7월 무렵 1번 자리인 15,000원대에서 2번 자리 고점인 34,200원까지 상승했습니다. 저점 대비 2배 이상 상승한 후 급락해 3번 자리 첫 번째 120일선 눌림목 자리 가격인 18,300원 1차 매수가격이 포착되었고 급등해 30,000원까지 갔지만 매매원칙상 10% 이상 수익이 나거나 60일선에서 매도로 22,500원이 목표가격에 도달했습니다.

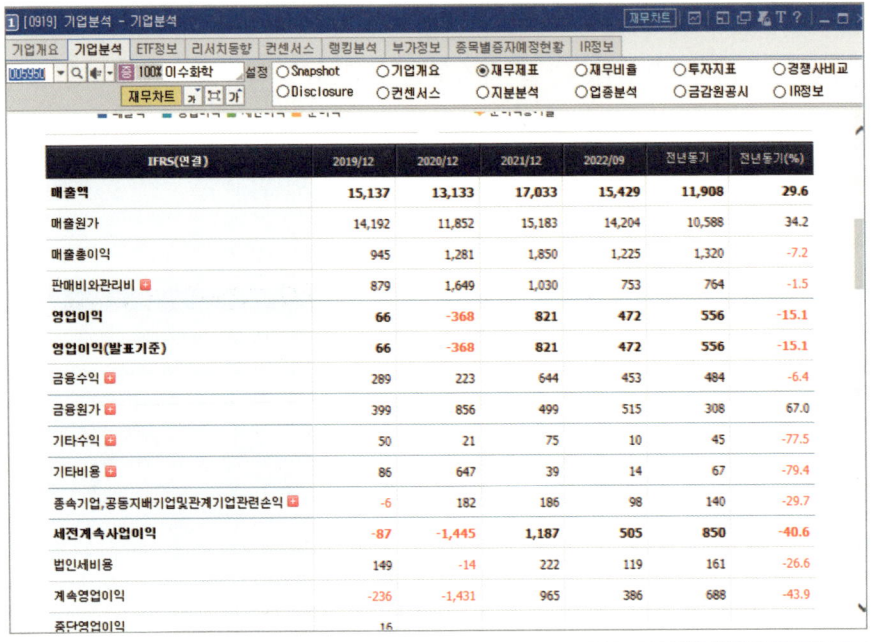

그림 102

이수화학 재무제표입니다. 2019년 영업이익 66억 원, 2020년 영업이익 -368억 원 적자, 2021년 영업이익 821억 원, 2022년 9월 영업이익 472억 원을 기록했습니다. 2021년 세전 계속사업이익 1,187억 원, 2022년 9월 505억 원, 전년 동기 대비 -40.6% 감소하고 있습니다.

실전사례 4

씨젠

기업 개요

씨젠은 유전자 분석 상품, 유전자 진단 시약·기기 개발이 주력 사업 목적으로 2000년 설립되어 2010년 코스닥 시장에 상장했습니다. 타깃 유전자만 증폭시켜 질병의 다양한 원인을 정확히 분석할 수 있는 멀티플렉스 유전자 증폭 시약 및 분석 소프트웨어 원천기술을 보유하고 있으며 Seeplex, AnyplexⅡ, Allplex가 주요 제품입니다. 연결대상 법인으로 진단 시약·장비판매업을 영위하는 해외 법인 9개사를 보유 중입니다.

그림 103

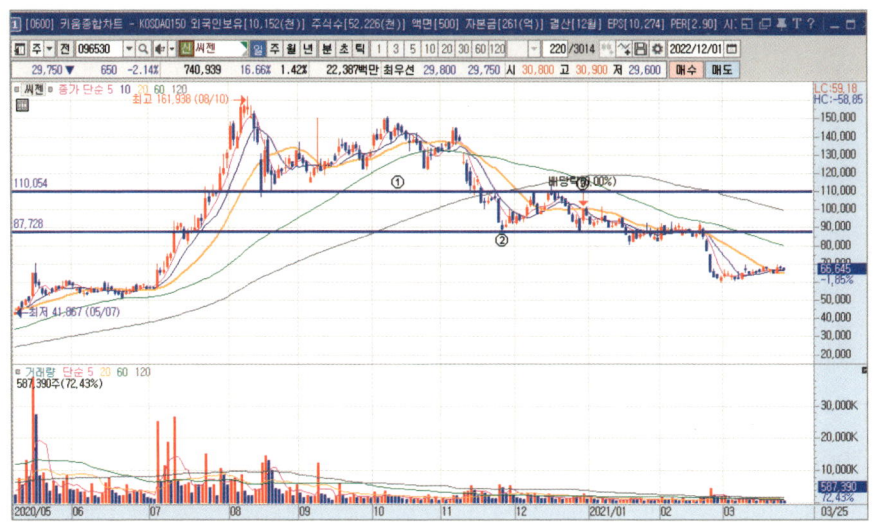
그림 104

    2020년 5월 기준 41,000원대이던 주가는 2020년 8월 161,928원까지 약 4배 상승한 후 조정에 진입했습니다. 2020년 11월 1번 자리 첫 번째 120일선 눌림목 1차 매수가격은 110,054원입니다. 2차 매수 후 주가는 87,000원까지 추가 하락했습니다. 매매기법은 1차 매수 후 -15% 하락하면 추가매수입니다. 2차 매수가격은 93,500원입니다. 1차 매수가격 110,054원, 2차 매수가격 93,500원, 평균 매수단가는 101,750원입니다. 추가매수 후 11만 원까지 상승하면 차익실현하시면 됩니다.

IFRS(연결)	2019/12	2020/12	2021/12	2022/09	전년동기	전년동기(%)
매출액	1,220	11,252	13,708	7,307	9,608	-23.9
매출원가	407	2,675	3,660	3,157	2,628	20.2
매출총이익	813	8,577	10,048	4,150	6,980	-40.5
판매비와관리비	589	1,815	3,382	2,346	2,313	1.4
영업이익	224	6,762	6,667	1,804	4,667	-61.3
영업이익(발표기준)	224	6,762	6,667	1,804	4,667	-61.3
금융수익	34	179	364	720	350	105.4
금융원가	25	339	224	163	148	10.0
기타수익	39	23	31	25	20	27.8
기타비용	2	81	86	181	73	148.8
종속기업,공동지배기업및관계기업관련손익	6	148	141	54	114	-52.3
세전계속사업이익	277	6,691	6,892	2,259	4,930	-54.2
법인세비용	10	1,660	1,516	464	1,188	-60.9
계속영업이익	267	5,031	5,376	1,795	3,742	-52.0

그림 105

    씨젠 재무제표입니다. 2019년 영업이익 224억 원, 2020년 영업이익 6,762억 원, 2021년 영업이익 6,667억 원, 2022년 9월 영업이익 1,804억 원을 기록해 지속적으로 영업이익이 증가하는 모습입니다. 2021년 12월 이후 매출액, 영업이익, 세전 계속사업 이익이 피크아웃을 형성했고 매출액과 영업이익은 감소하고 있습니다.

실전사례 5

박셀바이오

재무제표상 영업이익이 지속적인 적자 상태로 매매 제외 대상입니다.

기업 개요

동사는 항암 면역치료제 연구·개발 바이오텍 회사로 효과적인 항암 면역치료를 도모하기 위해 다음과 같이 면역시스템에서 최상의 효과를 발휘할 수 있는 대표적인 구성 요소로 파이프라인을 구성하고 있습니다. Vax-NK 항암 면역치료 플랫폼과 Vax-DC 항암 면역치료 플랫폼, CAR-T 치료제와 CAR-NK 치료제인 Vax-CAR 항암 면역치료제 플랫폼 등 다양한 면역세포를 활용한 항암 면역치료 플랫폼을 보유 중입니다.

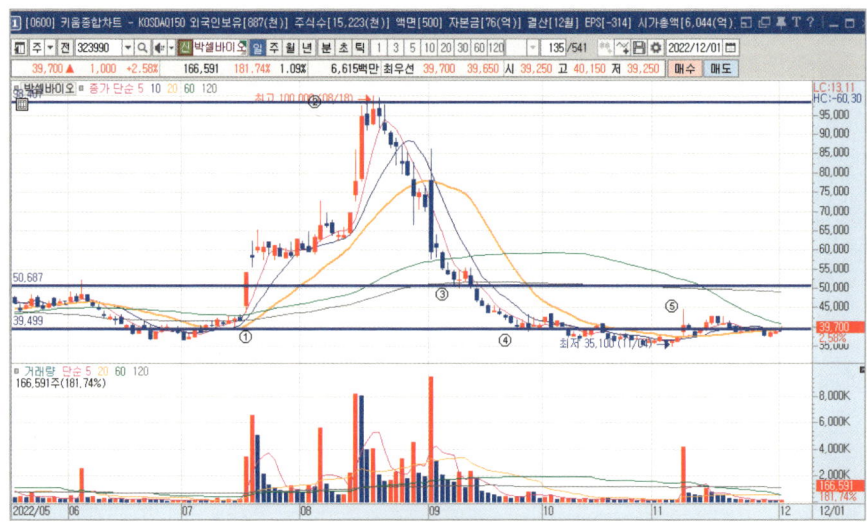

그림 106

2022년 주가는 1번 자리 39,499원에서 2번 자리 100,000원까지 상승했습니다. 저점 대비 2배 이상 상승한 후 3번 자리 첫 번째 120일선 가격인 50,000원까지 하락해 1차 매수 포인트에 왔습니다. 1차 매수 후 주가는 급락했습니다. 2차 매수가격은 50,000원에서 −15% 하락한 42,500원입니다. 1차 매수가격은 50,000원, 2차 매수가격은 42,500원, 추가 매수한 평균 매수단가는 46,250원입니다. 2차 매수 후 주가는 단기 횡보한 후 반등해 45,000원까지 상승했습니다.

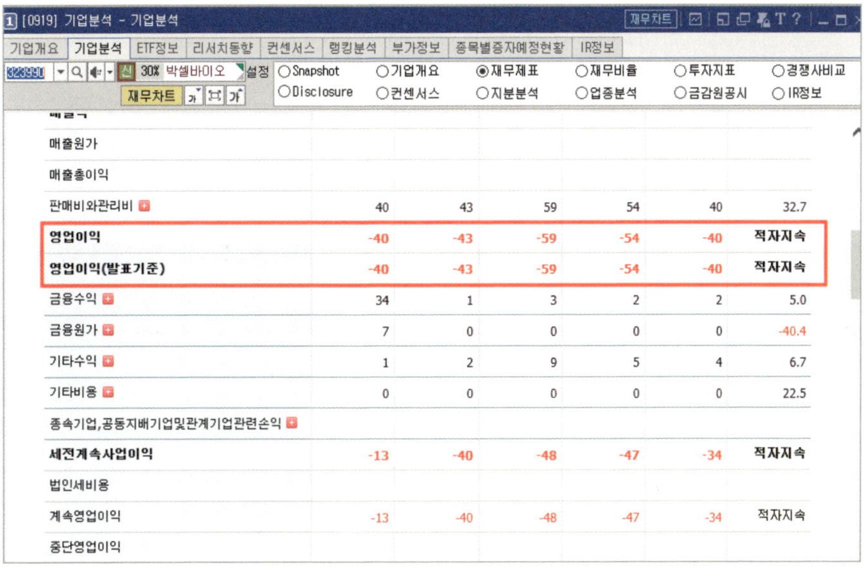

매출원가						
매출총이익						
판매비와관리비	40	43	59	54	40	32.7
영업이익	-40	-43	-59	-54	-40	적자지속
영업이익(발표기준)	-40	-43	-59	-54	-40	적자지속
금융수익	34	1	3	2	2	5.0
금융원가	7	0	0	0	0	-40.4
기타수익	1	2	9	5	4	6.7
기타비용	0	0	0	0	0	22.5
종속기업,공동지배기업및관계기업관련손익						
세전계속사업이익	-13	-40	-48	-47	-34	적자지속
법인세비용						
계속영업이익	-13	-40	-48	-47	-34	적자지속
중단영업이익						

그림 107

박셀바이오는 일단 재무제표상 영업이익이 4년 연속 적자를 기록했습니다. 박셀바이오는 매매 대상은 아니었지만 vax-nk 임상 2a상 성공 가능성이 높아 매매했습니다. 영업이익이 4년 연속 적자인 종목은 매매하지 않는 것이 원칙입니다. 특례상장 기업인 경우, 현재 회사가 추진 중인 임상의 성공 가능성이 크면 매매 가능하지만 바이오 특례상장 기업은 조심하는 것이 좋습니다.

실전사례 6

컴투스홀딩스

기업 개요

컴투스홀딩스는 지주 사업 및 투자, 모바일 게임, 플랫폼 개발·서비스가 주요 사업인 사업 지주사입니다. 2000년 설립해 해외 시장에 진출했으며 미국, 중국, 일본, 유럽, 대만, 동남아 등에 현지 법인을 두고 게임을 서비스 중입니다. '게임빌 프로야구 수퍼스타즈', 'MLB 퍼펙트 이닝'이 주력 상품입니다. 동사는 블록체인 게임과 블록체인 플랫폼 기술을 적용해 글로벌 블록체인 게임 시장을 선도해 나간다는 목표를 갖고 있습니다.

그림 108

컴투스홀딩스 차트입니다. 1번 자리 35,000원대이던 주가가 단기 급등해 2번 자리 241,500원까지 7배 가까이 급등했습니다. 주가가 저점 대비 2배 이상 상승하는 강도가 높을수록 좋은 종목입니다. 3번 자리 112,000원까지 하락해 첫 번째 120일선 눌림목이 매수 급소인 1차 매수 자리였습니다. 1차 매수 후 주가는 4번 자리 60일선까지 상승 후 하락했다가 156,000원까지 다시 상승했습니다.

IFRS(연결)	2019/12	2020/12	2021/12	2022/09	전년동기	전년동기(%)
매출액	1,199	1,338	1,416	851	1,076	-20.9
매출원가						
매출총이익	1,199	1,338	1,416	851	1,076	-20.9
판매비와관리비	1,369	1,101	1,037	906	746	21.3
영업이익	-171	237	378	-55	329	적자전환
영업이익(발표기준)	-171	237	378	-55	329	적자전환
금융수익	1	1	1	3	1	142.2
금융원가	36	42	37	77	25	205.5
기타수익	85	8	5	9	4	121.8
기타비용	54	10	1	262	1	25716.0
종속기업,공동지배기업및관계기업관련손익	297					
세전계속사업이익	123	193	346	-381	309	적자전환
법인세비용	5	-8	48	57	53	8.1
계속영업이익	118	201	298	-438	256	적자전환

그림 109

2019년 영업이익 -171억 원 적자, 2020년 영업이익 237억 원, 2021년 영업이익 378억 원, 2022년 9월 영업이익 -55억 원 적자로 재무제표상 큰 문제는 없습니다.

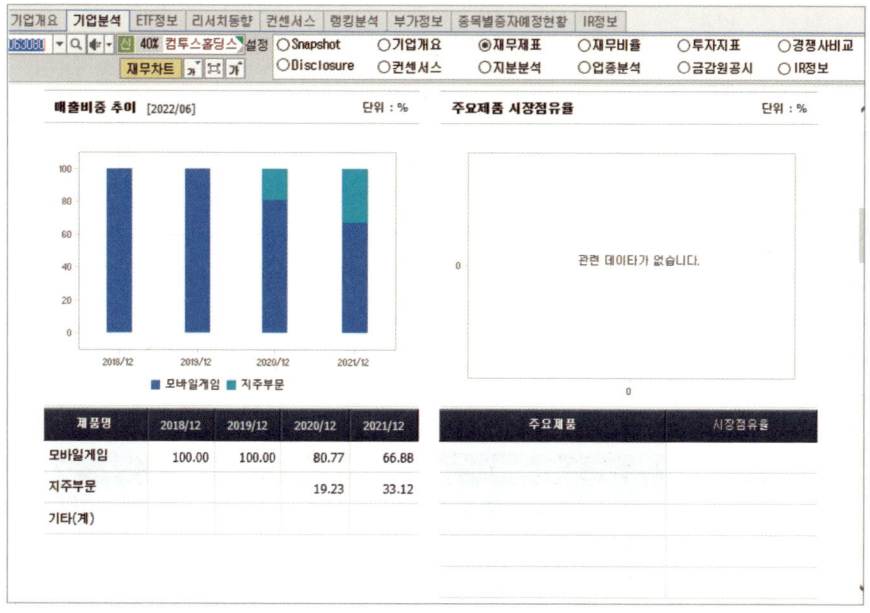

그림 110

    컴투스 홀딩스는 2022년 12월 기준 전체 매출에서 모바일 게임 부문이 66.88%, 지주 부문이 33.12%를 기록 중입니다.

실전사례 7

카카오

기업 개요

국내 시장점유율 1위 메신저인 카카오톡을 중심으로 커머스, 모빌리티, 페이, 게임, 뮤직, 콘텐츠 등 다양한 영역에서 수익을 창출 중이며 전체 매출액 중 플랫폼 부문이 52.3%, 콘텐츠 부문이 47.7%를 차지하고 있습니다. 신규 사업에도 지속적으로 투자하고 있습니다. 카카오 엔터프라이즈를 통해 B2B 행보를 본격화할 계획이며 카카오브레인은 기술 트렌드 센서 역할을 하고 있습니다. 2022년 4월 디지털 헬스케어 사업 본격화를 위해 카카오 헬스케어를 출범시켰습니다.

그림 111

카카오 차트입니다. 1번 자리 65,000원이던 주가는 3배 이상 상승해 2번 자리 173,000원에서 고점을 형성한 후 3번 자리 134,634원까지 하락했습니다. 여기가 1차 매수 자리입니다. 1차 매수 후 -15% 하락한 115,563원이 2차 매수가격이 됩니다. 2차 매수 후 평균 매수단가는 125,098원입니다. 주가는 단기적으로 130,000원까지 상승했습니다. 큰 수익은 아니지만 분할매수로 수익을 낼 수 있습니다. 매도 포인트인 60일선에서 철저히 매도하셔야 합니다. 매도 후 주가가 더 상승하더라도 원칙적인 대응을 하셔야 합니다.

IFRS(연결)	2019/12	2020/12	2021/12	2022/09	전년동기	전년동기(%)
매출액	30,701	41,568	61,367	53,327	43,509	22.6
매출원가						
매출총이익	30,701	41,568	61,367	53,327	43,509	22.6
판매비와관리비	28,633	37,010	55,418	48,527	38,626	25.6
영업이익	**2,068**	**4,559**	**5,949**	**4,800**	**4,883**	**-1.7**
영업이익(발표기준)	**2,068**	**4,559**	**5,949**	**4,800**	**4,883**	**-1.7**
금융수익	704	2,161	1,778	2,016	1,101	83.1
금융원가	440	727	3,153	2,350	2,248	4.6
기타수익	738	3,524	17,334	19,375	9,201	110.6
기타비용	5,214	5,461	4,072	1,185	465	154.6
종속기업,공동지배기업및관계기업관련손익	-198	87	5,101	-328	4,930	적자전환
세전계속사업이익	-2,343	4,143	22,937	22,328	17,402	28.3
법인세비용	1,077	2,409	6,475	6,723	3,181	111.3
계속영업이익	-3,419	1,734	16,462	15,605	14,221	9.7
중단영업이익						

그림 112

카카오는 2019년 매출액 3조 701억 원, 2020년 매출액 4조 1,568억 원, 2021년 매출액 6조 1,367억 원, 2022년 9월 매출액 5조 3,327억 원으로 전년 동기 대비 -1.7% 감소했습니다.

한편, 영업이익은 2019년 2,068억 원, 2020년 4,559억 원, 2021년 5,949억 원, 2022년 9월 4,800억 원을 기록했습니다. 매출액과 영업이익 모두 감소하고 있지만 매매 대상 종목으로 문제는 없습니다.

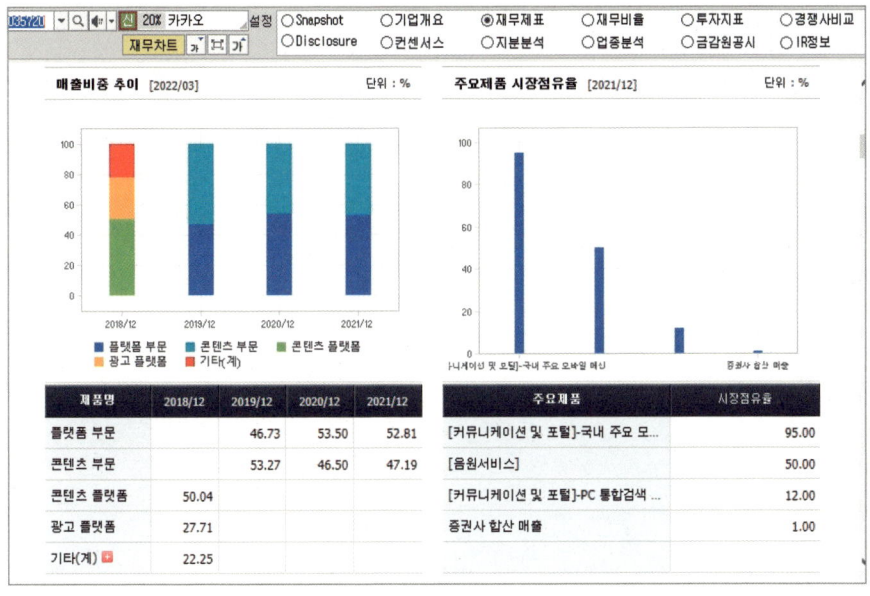

그림 113

카카오의 플랫폼 부문 매출은 2019년 46.73%에서 2020년 53.50%, 2021년 52.81%를 기록했습니다. 콘텐츠 부문 매출은 2019년 53.27%, 2020년 46.50%, 2021년 47.19%로 플랫폼 매출이 회사 매출액에서 가장 큰 부분을 차지하고 있습니다. 커뮤니케이션·포털의 시장점유율은 95%, 음원 서비스는 50%, PC 통합검색은 12%를 차지하고 있습니다.

주식, 낙폭과대주
이것만 기억하자

CHAPTER 4

재무제표

PART 1

재무제표의 정의

재무제표는 과거 대차대조표라고 불렸으며 특정 시점의 기업의 재무 상태를 보여주는 보고서입니다. 특정 시점이란 보통 사업연도 말을 뜻하는데 대부분 12월 31일 연도 말 시점의 재무 상태를 말합니다. 재무 상태란 기업의 자산, 부채, 자본 상태를 의미하며 자산=부채+자본입니다. 재무제표를 보고 투자한다면 현재 주가가 고평가인지, 저평가인지 판단할 수 있어 투자 성공률을 높일 수 있습니다. 또한, 기업의 재무건전성을 파악해 투자 위험에 미리 대비할 수도 있습니다.

우리나라 기업의 재무제표는 '다트(DART: Data, Analysis, Retrieval and Transfer System)'에서 확인할 수 있습니다. 금융감독원 전자공시 시스템으로 상장법인이 공시서류를 인터넷으로 제출하면 투자자들이 그 정보를 바로 조회할 수 있는 사이트입니다. 분기 보고서, 반기보고서, 사업보고서 등 정기공시 외에 기업 관련 다양한 공시를 볼 수 있습니다.

PART 2

재무제표의 구성

- 재무상태표

기업의 부채와 자본을 합산한 자산을 기록한 장표로 투자비용 대비 수익, 운영비 등 기업의 재무 상태를 한눈에 볼 수 있도록 기록되어 있습니다. 재무상태표를 통해 투자자는 기업의 자산·부채 변화와 기업의 성장을 확인할 수 있습니다.

- 손익계산서

기업의 경영성과를 보여주는 보고서로 벌어들인 수익에서 사용한 비용을 제외하고 남은 실제 이익을 보여줍니다. 보통 계산 순서대로 총매출에서 매출원가를 제외한 총이익, 총이익에서 영업비용을 제외한 영업이익, 총매출에서 총비용을 제외한 당기순이익으로 구분되어 작성되며 영업이익과 당기순이익은 투자자가 반드시 확인해야 할 부분입니다. 두 항목 모두 연속적으로 적자라면 위험도가 높으므로 투자하지 않는 것이 좋습니다.

- 현금흐름표

정해진 기간 내 현금성 자산의 변동을 기록한 보고서로 기업활동을 통한 현금 발생액과 사용액을 보여줍니다. 영업활동으로 현금이 늘어났다면 긍정적으로 평가할 수 있지만 투자활동이나 자본조달 등의 이유로 현금이 늘어났다면 투자위험이 있으니 유의하는 것이 좋습니다. 좋은 기업에 투자하는 방법 중 가장 중요한 것은 바로 수익성, 성장성, 안정성, 효율성을 살펴보는 것입니다.

수익성은 매출에서 나가는 비용을 모두 제외하고 남은 금액으로 평가할 수 있는데 대표적 지표로 자기자본수익률이 있습니다.

성장성은 일정 기간의 기업 규모나 영업성과 증가를 통해 평가할 수 있습니다.

안정성은 부채상환 능력을 말하며 부채비율이 높거나 유동비율이 낮다면 안정성이 낮은 기업으로 판단할 수 있습니다. 유동비율이 높을수록 유연한 상황 대처가 가능한 기업으로 평가됩니다.

효율성은 동일 자원으로 더 높은 수익을 달성한 지표이며 총자산 회전율, 매출채권 회전율, 재고자산 회전율을 파악해 이것이 높을수록 효율성이 높은 것으로 판단할 수 있습니다.

- 자산: 기업이 소유한 것 중 미래에 효익을 가져올 수 있는 자원으로 대표적으로 현금, 토지, 건물이 있습니다.
- 부채: 기업이 경영활동 과정에서 채권자에게 지급해야 할 금전적 의무로 타인자본이라고도 부릅니다. 쉽게 말해 빌린 돈입니다.
- 자본: 자산에서 부채를 뺀 나머지로 순자산이라고 표현합니다.
- 유동자산: 보통 1년 안에 현금화할 수 있는 자산으로 현금, 예금, 장기 보유 목적이 아닌 유가증권, 상품, 제품, 원재료 등이 있습니다.
- 당좌자산: 현금, 예금 등 신속한 현금화가 가능한 자산입니다.
- 재고자산: 상품, 제품, 원재료 등을 말합니다.

유동자산으로 적정 재고량 보유 여부를 판단하는 것이 중요합니다. 재고가 부족하면 수요 변화에 탄력적으로 대응하기 어렵고 반대로 재고가 많으면 악성 재고, 불용재고가 많은지 여부를 확인해야 합니다.

유형자산은 기업이 재화 생산이나 용역 제공을 위해 사용하는, 물리적 형태의 자산입니다. 제조업이라면 공장의 토지, 건물, 기계장치 등이고 임대업이라면 임대 목적으로 보유한 건물도 포함됩니다. 하지만 제조업을 영위하는 기업인데 제조활동과 전혀 무관한 부동산을 보유했다면 유형자산에 포함되지 않습니다. 기업 생산활동을 위해 보유한 것이 아니기 때문입니다. 이런 경우, 해당 부동산은 '투자부동산' 계정으로 분류됩니다.

차입금은 기업이 경영활동을 위해 타인으로부터 차용한 금전으로 차용 기간에 따라 단기차입금과 장기차입금으로 나뉩니다. 단기차입금은 1년 안에 상환할 의무가 있는 자금으로 보통 기업이 운전자금이 부족해 차입하는 자금입니다. 장기차입금은 상환기일이 1년 이상 남은 것으로 보통 시설투자를 위해 빌린 자금입니다. 전반적으로 차입금 비중이 낮은 것이 바람직합니다. 하지만 경영활동에서 차입활동도 필수적인 활동 중 하나이므로 단순히 차입금이 '많다, 적다'로 판단하기보다 차입금이 증가한 원인을 분석하는 것이 좋습니다. 차입금이 늘고 부채계정에 변화가 없다면 자산도 늘었거나 자본이 줄어든 둘 중 하나입니다. 어느 쪽이든 확인해야 합니다. 특히 단기차입금이 많이 증가했다면 주의 깊게 살펴봐야 합니다.

자본금이란 보통 납입자본금을 말합니다. 주식을 발행해 출자한 금액으로 기업 내에 유보된 기업의 '자기 자본'으로 생각하시면 됩니다. 이익잉여금은 기업의 손익 활동의 결과로 주주에게 배당금으로 지급하거나 자본으로 대체되지 않고 남은 것으로 영업활동을 통한 손익, 유형자산 처분이익 등 모든 손익거래의 결과가 쌓인 것으로 보시면 됩니다.

– 이익준비금

상법 이외 법령에 의거해 적립되는 기타 법정적립금입니다. 사업확장적립금 등 회사 정관 규정이나 주주총회 결의에 의거해 적립되는 임의적립금, 차기 이월이익잉여금, 차기 이월 결손금으로 나뉩니다.

– 매출(Sales)

매출이라는 단어는 주변에서 쉽게 들어보셨을 겁니다. 기업이 영업활동을 통해 상품이나 제품을 판매하거나 용역 등의 서비스를 제공해 벌어들인 이익을 말합니다. 1개 사업연도 동안 누적된 매출을 매출액 또는 총매출액이라고 부릅니다. 업종에 따라 매출액의 세부 내용이 달라지는데 기업이 주로 도·소매업을 영위한다면 상품 매출로, 제조업을 영위한다면 제조 매출로, 임대업을 영위한다면 임대 매출로 쓰입니다. 복수의 업을 한다면 주 매출처를 확인하는 것도 중요하므로 알아두시는 것이 좋습니다.

— 매출채권(Account Receivable)

매출채권은 기업의 영업활동을 통해 발생한 채권을 말합니다. 현금으로 즉시 받지 않고 나중에 돈을 주겠다는 것으로 기업 간 거래에서는 매출채권을 이용한 외상거래가 일반적입니다. 외상거래란 대금을 나중에 결제해 주겠다는 거래로 보통 당연히 결제해 주겠지만 세상일은 언제 어떻게 될지 모르므로 못 받을 위험도 항상 있다는 것을 아셔야 합니다. 특히 요즘처럼 환율과 금리가 올라 기업의 비용 부담이 가중되는 시기에는 더 촉각을 세우는 것이 좋습니다. 매출채권을 받아 매출을 올려도 실제로는 돈을 받지 않았으므로 받기 전까지는 안심하면 안 됩니다. 매출채권을 회수하기 위한 관리가 중요한 이유입니다.

기업 내부자라면 매출채권이 어떻게 관리되고 있는지 잘 알 것입니다. A의 매출채권은 결제기일이 언제이고 결제 주기가 30일, 60일 등 결제일도 예측할 수 있어 현금흐름을 쉽게 파악할 수 있습니다. 하지만 외부인, 즉 보통 투자자인 이들은 이런 속사정을 알 수 없으니 기업의 상태를 나타내는 재무제표를 보고 분석하는 수밖에 없습니다. 이때 매출채권이 잘 회수되는지, 보통 회수하는 데 얼마나 걸리는지 등을 파악할 때 보는 것이 바로 매출채권 회전율입니다.

재무제표에서 매출채권

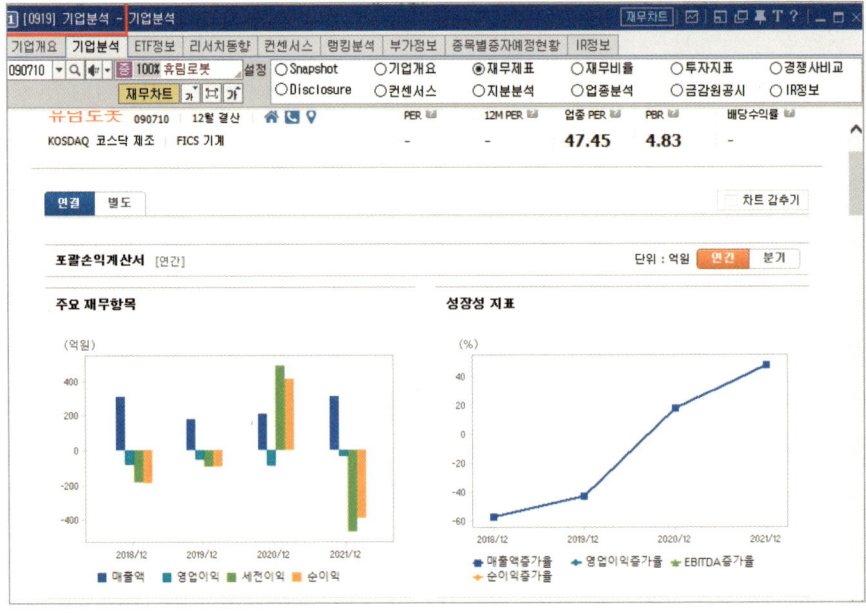

그림 114

키움증권 '0919'번을 클릭하면 기업분석 차트가 열립니다. 여기서 우측 상단의 재무제표를 클릭합니다.

그림 115

0919 기업분석 탭에서 재무제표를 클릭합니다.

IFRS(연결)	2019/12	2020/12	2021/12	2022/09
자산	427	1,357	973	1,364
유동자산	262	437	262	710
재고자산	36	74	29	58
유동생물자산				
유동금융자산	39	7	1	236
매출채권및기타유동채권	**57**	**69**	**77**	**109**
당기법인세자산				0
계약자산				
반품(환불)자산				
배출권				
기타유동자산	7	7	10	34
현금및현금성자산	52	280	145	267
매각예정비유동자산및처분자산집단	72			6
비유동자산	165	921	711	653
기타금융업자산				
부채	143	599	251	376

그림 116

자산 항목에 매출채권 및 기타 유동채권이 있습니다. 휴림로봇은 2019년 57억 원에서 2022년 9월 매출채권 및 기타 유동채권 규모가 약 2배 증가했습니다. 즉, 외상 매출이 늘고 있습니다. 휴림로봇은 매년 매출액이 100억 원가량씩 늘고 있지만 매출채권 및 기타 유동채권도 증가하는 모습입니다. 보통 1년 매출에서 50% 이상 매출 규모가 커지면 매매를 피해서야 합니다.

IFRS(연결)	2019/12	2020/12	2021/12	2022/09
자산	495	540	913	1,179
유동자산	232	222	434	762
비유동자산	263	317	393	335
기타금융업자산			86	82
부채	37	106	357	562
유동부채	27	83	62	555
비유동부채	10	23	293	5
기타금융업부채			2	1
자본	457	434	556	617
지배기업주주지분	462	449	556	617
비지배주주지분	-5	-15		0

그림 117

　세종메디칼 재무제표입니다. 자산 항목에서 유동자산을 클릭하면 매출채권을 볼 수 있습니다.

그림 118

    세종메디칼은 2019년 매출채권 및 기타 유동채권이 20억 원에서 2022년 9월 17억 원으로 감소했습니다. 1년 매출액이 150억 원대인 회사라면 1년 매출액 중 약 17%가 매출채권 및 기타 유동채권입니다.

IFRS(연결)	2019/12	2020/12	2021/12	2022/09
자산	509	762	1,094	1,073
유동자산	206	260	369	341
재고자산	21	56	37	48
유동생물자산				
유동금융자산	39	34	-6	-10
매출채권및기타유동채권	48	52	106	112
당기법인세자산		1	0	1
계약자산				
반품(환불)자산				
배출권				
기타유동자산	6	4	7	28
현금및현금성자산	93	114	225	162
매각예정비유동자산및처분자산집단				
비유동자산	302	502	724	732
기타금융업자산				
부채	250	331	435	441

그림 119

인스코비는 2019년 매출채권 및 기타 유동채권이 48억 원에서 2022년 9월 112억 원으로 2.3배 증가했습니다. 인스코비는 1년 매출액 규모가 평균 600억 원인 회사입니다. 매출액의 18%가 외상거래이며 매출채권 및 기타 유동채권도 증가 중이니 매매 시 반드시 확인하셔야 합니다.

- 매출채권 회전율

매출채권 회전율이란 매출채권이 사업연도 내에 잘 회전되는지를 나타내는 지표입니다. 회전이 잘 된다는 것은 받는 사람 입장에서는 '회수가 잘 된다'라는 뜻입니다. 매출채권 회전율 계산식을 이용해 계속 설명드리겠습니다.

매출채권 회전율=매출액/매출채권

매출채권 회전율은 매출액을 매출채권으로 나눠 계산합니다. 매출액은 1개 사업연도 동안 누적된 매출총액이라고 했습니다. 기업이 보유한 매출채권을 동일 사업연도 내에 몇 번 회전시켜야 총매출액이 되는지를 계산한 것입니다.

예를 들어 A 업체의 연간 총매출액이 100억 원이고 그중 매출채권이 20억 원이라면 A 업체의 매출채권 회전율은 100억 원/20억 원=5입니다.

- 자본잠식

자본잠식이란 기업이 이익을 창출하지 못하고 적자로 인해 보유한 기존 자기 자본이 줄어드는 현상을 말합니다. 자기 자본은 소위 자본금을 말하는데 자본금은 발행 주식 총수에 액면가를 곱한 금액입니다.

자본금=발행 주식 총수×액면가

자본을 구성하는 항목은 자본금 외에도 큰 단락이 하나 더 있습니다. 바로 '잉여금'입니다. 잉여금이란 주식을 추가 발행해 발행가와 액면가의 차이만큼 벌어들인 부분, 소위 '주식발행 초과금'이라는 항목과 영업활동을 통해 벌어들인 자금 중 주주에게 배당금을 지급한 후 회사에 쌓아둔 유보금액을 말합니다. 회사가 이익을 못 내고 적자를 내면 당기순손실만큼 그동안 적립해 놓은 잉여금을 차감하게 됩니다. 쌓아둔 돈으로 손실을 메꾸는 격이죠. 하지만 적자가 지속되어 잉여금이 바닥나고 납입했던 자본금에도 손대야 하는 상황이라면 이를 '자본잠식'이라고 합니다. 자본금의 일부만 잠식되는 '부분 자본잠식', 자기 자본이 모두 바닥나는 '완전 자본잠식'이 있습니다. 그동안 벌어들인 돈에 최초 출자한 돈까지 다 까먹는 상황이니 이 상황까지 왔다면 재정상태가 정말 심각하다고 할 수 있습니다.

- 자본잠식 해결 방법

자본잠식을 해결하는 방법은 잠식된 자본을 늘리거나 자본잠식의 기준이 되는 자본금 규모를 줄이는 것입니다. 자본을 늘리는 방법으로 먼저 '증자'를 생각해볼 수 있지만 자본잠식 상태인 기업이 현실적으로 생각할 수 있는 방법은 아닙니다. 그렇다고 이미 재무적으로 엉망이 된 기업이 영업이익을 늘려 이익잉여금을 늘리는 것도 비현실적입니다. 바로 자산 재평가입니다. 과거 취득원가로 기록되어 있는 토지나 건물 등의 유형자산을 시가로 재평가해 자본금을 늘리는 방식입니다. 여기서 유의할 점은 자산 평가 방식을 시시때때로 입맛에 따라 바꿀 수 있는 것이 아니라는 점과 재평가를 통해 장부상 자본이 늘었더라도 실제 기업가치나 자본이 늘어난 것은 아니라는 것입니다.

이상으로 자본잠식의 내용과 이를 해결할 이론적 방법을 알아보았습니다. 재무제표를 보고 우리가 자본잠식 여부를 판단할 일은 극히 드물지만 어떤 기업이 자본잠식 상태라면 그 기업에 더 이상 투자하시면 안 됩니다.

- PBR(주가 순자산 비율)

주가와 1주당 순자산을 비교해 나타낸 비율(PBR=주가/주당 순자산 가치)

로 주가와 1주당 순자산을 비교한 수치입니다. 기업의 자산가치를 나타내는 것으로 주가를 주당 순자산 가치(BPS: Book value Per Share)로 나눈 비율입니다. 즉, 주가 순자산(자본금과 자본잉여금, 이익잉여금의 합계)에 비해 1주당 몇 배로 거래되는지를 측정한 지표입니다. 여기서 순자산이란 대차대조표의 총자본이나 자산에서 부채(유동부채+고정부채)를 차감하고 남은 금액을 말합니다. PBR은 장부상 가치로 회사 청산 시 주주가 배당받을 수 있는 자산가치를 의미하므로 재무내용 면에서 주가를 판단하는 척도가 됩니다. PBR이 1이라면 특정 시점의 주가와 기업의 1주당 순자산이 같고 이 수치가 낮을수록 해당 기업의 자산가치가 증시에서 저평가받고 있다고 볼 수 있습니다. 즉, PBR이 1 미만이라면 주가가 장부상 순자산가치(청산가치)에도 못 미친다는 뜻이므로 저 PBR 주식은 M&A 대상이 될 가능성이 크다고 봅니다.

PBR은 보통 주가를 최근 결산 재무제표에 나타난 주당 순자산으로 나눠 배수(倍數)로 표시하므로 주가 순자산 배율이라고도 합니다. PBR 지표는 이것만 기억하면 됩니다. PBR이 1 미만이면 자산가치가 저평가된 것이고 PBR이 1 이상이면 자산가치가 고평가된 것입니다. 우리는 자산가치 대비 저평가된 PBR이 1 미만인 종목을 발굴해야 합니다.

유의 사항

PBR이 1 미만인 종목은 저평가된 주식이지만 대부분 사양업종인 경우가 많습니다. 대표적으로 종이·목재 업종입니다. PBR이 1 미만인 종목은 사양업종 여부를 파악하신 후 매매하셔야 합니다.

- PER

주가가 그 회사 1주당 수익의 몇 배인지를 나타내는 지표로 주가를 1주당 순이익(EPS: 당기순이익/주식 수)으로 나눈 값입니다. 즉, 어떤 기업의 주식가격이 10,000원이고 1주당 수익이 1,000원이라면 PER는 10이 됩니다.

PER(Price Earning Ratio)=주가/1주당 당기순이익(세후)=주가/EPS

이는 특정 기업이 얻은 순이익 1원을 증권시장이 얼마로 평가하느냐를 나타낸 수치로 투자자들은 이를 척도로 다른 주식들의 상대적 가격을 파악할 수 있습니다. 즉, 해당 기업의 순이익이 주식가격보다 클수록 PER는 낮습니다. 따라서 PER가 낮으면 이익 대비 주가가 낮은 것이므로 그만큼 기업가치에 비해 주가가 저평가되어 있다는 의미입니다. 반대로 PER가 높으면 이익 대비 주가가 높다는 것을 뜻합니다. 업종별로 차이가 있고 절대적인 기준은 없지만 일반적으로 PER가 10 이하(주가가 1주당 순이익의 10배 이내)인 경우, 저 PER주로 분류합니다. 우리나라에서는 PER를 참고하는 기준 정도로 인식해 왔지만 1992년 외국인 투자가 허용되면서 외국인들이 저 PER주를 집중적으로 사들이면서 저 PER주가 테마로 형성되었습니다. 이후 일반인들 사이에서도 '저 PER주=좋은 주식'이라는 관념이 생겼습니다. 그러나 2000년대 들어 '성장성'이 투자판단의 최대 지표로 작용하면서 인터넷 기업들의 영업이익이 마이너스를 기록했음에도 미래에 대한 기대감으로 주가가 폭등하기도 했습니다(당시 주요 인터넷 기업의 PER는 300~2,600%).

PER가 높은 경우

① 주당순이익은 평균 수준이지만 주가가 높은 경우
② 주가는 평균 수준이지만 주당순이익이 낮은 경우

전자는 현재 이익보다 주가가 높다는 뜻이므로 시장에서 장래성을 인정받고 성장하는 기업으로 주로 첨단기술주가 해당합니다. 후자는 경영에서 이익(주당순이익)이 낮아 PER가 높아진 경우입니다.

PER가 낮은 경우

① 주당순이익은 평균 수준이지만 주가가 낮은 경우
② 주가는 평균 수준이지만 주당순이익이 높은 경우

전자는 모기업 부도 등 외부요인이 많은 경우가 많고 후자는 주로 주식 발행 물량이 적고 성장에 한계가 있거나 업계 경기부진 예상(예상수익률) 등의 영향이 있는 경우가 많습니다.

- ROE

자기 자본으로 운영이 얼마나 효율적으로 이뤄졌는지를 반영하는 지표로 자기 자본에 대한 기간이익 비율로 나타냅니다. 보통 경상이익, 세전 순이익, 세후 순이익 등이 기간이익으로 이용되며 주식시장에서는 자기자본이익률이 주가에 반영되는 경향이 강해 투자지표로 자주 이용됩니다. 투입한 자기 자본이 이익을 얼마나 냈는지를 나타내는 지표로 '(당기순이익/자기자본)×100' 공식으로 산출합니다. 이는 기업이 자기 자본(주주 지분)을 활용해 1년 동안 벌어들인 금액을 나타내는 대표적인 수익성 지표로 경영 효율성을 나타냅니다. ROE가 10%라면 자본 10억 원을 투자해 1억 원의 이익을 낸 것이고 ROE가 20%라면 자본 10억 원을 투자해 2억 원의 이익을 냈다는 뜻입니다. 따라서 ROE가 높다는 것은 자기 자본 대비 당기순이익을 많이 내 효율적인 영업활동을 했다는 뜻이므로 이 수치가 높은 종목일수록 주식투자자의 투자수익률을 높여준다고 볼 수 있어 투자자 입장에서 이익의 척도가 됩니다. 일반적으로 ROE가 회사채 수익률보다 높으면 양호한 것으로 평가되며 적어도 정기예금 금리보다는 높아야 적절하다고 할 수 있습니다. 즉, 주주(투자자) 입장에서 ROE가 시중금리보다 높아야 기업투자의 의미가 있는 것입니다. ROE가 시중금리를 밑돈다면 투자자금을 은행에 예금하는 게 낫다고 할 수 있습니다.

핵심 포인트

ROE(자기 자본 대비 수익률)가 10%라면 자기 자본금이 100억 원인 기업이 1년에 10억 원을 번다는 뜻입니다. ROE가 높을수록 성장성이 큰 기업이며 대표적인 성장성 지표입니다.

- 부채비율

부채 자본 비율, 즉 대차대조표의 부채총액을 자기 자본으로 나눈 비율(부채총액/자기 자본)로 소수나 백분율로 표시합니다. 부채, 즉 타인 자본의 의존도를 표시하며 경영분석에서 기업의 건전성을 나타내는 지표로 쓰입니다. 기업의 부채액은 적어도 자기자본액 이하인 것이 바람직하므로 부채비율은 1 또는 100% 이하가 이상적입니다. 이 비율이 높을수록 재무구조가 불건전하므로 지불 능력에 문제가 있습니다. 이 비율의 역수(逆數)는 자본 부채비율(자기 자본/부채총액)입니다.

핵심 포인트

부채비율은 대표적인 안정성 지표입니다. 부채비율은 낮을수록 좋으며 부채비율이 150% 미만인 기업들만 매매하시길 권합니다. 50% 미만, 100% 미만, 150% 미만 등으로 나눌 수 있으며 50% 미만 기업은 향후 부도 가능성이 낮습니다.

기말 현금자산 확인하기

재무제표상 기말 현금자산이 얼마나 되는지 확인해야 합니다. 기말 현금성 자산이 적은 기업은 현금이 부족하므로 돌발적인 유상증자 가능성이 있습니다. 기말 현금성 자산이 10억 원, 20억 원 이렇게 적으면 향후 기업은 회사채, 대출, 유상증자라는 악재가 발생할 가능성이 있으므로 매매하시기 전에 반드시 체크하셔야 합니다.

CHAPTER 5

우량주 낙폭과대주

- 시가총액 100위 종목, 저점에서 매수하기

• 종목선정 조건

시가총액 상위 100위 종목만 매매 대상으로 합니다.

(1) 일봉상 RSI 보조지표에서 30 이하이거나 30을 돌파하는 종목입니다.
(2) 분할매수를 기본 조건으로 매매해야 합니다.
(3) 관리종목, 우선주, 증100, 천 원 이하 종목은 제외합니다.
(4) 재무제표상 영업이익이나 당기순이익이 4년 연속 적자인 종목은 제외합니다.
(5) 뉴스 악재, 배임·횡령, 유상증자, 불성실공시 법인 지정, 감사보고서 의견거절, 비적정, 한정의견 종목은 제외합니다.

- 매수·매도 조건

(1) 일봉상 RSI 보조지표 30 이하인 종목은 매수 가능합니다.
(2) 분할매수를 해야 한다면 1차 매수 후 -10% 하락 시 2차 매수, 2차 매수 후 -10% 하락 시 추가 매수합니다.

RSI 30 이하에 왔을 때 주가가 10,000원인 주식의 예입니다.
1차 매수 3.3.4=천만 원 기준으로 3은 300만 원
1차 매수 후 -10% 하락하면 2차 매수 3=300만 원 매수
매수 후 -10% 하락하면 마지막 4=400만 원 매수하는 방법입니다.

(3) 1차 매수 후 주가가 10% 이상 상승하면 매도입니다.
(4) 1차 매수 후 상승하면 1차 매수분에 대해 차익실현합니다. 2차 매수 시점에 오면 추가매수 후 10% 수익 시 매도합니다.

유의 사항

(1) 매수 포인트에 오면 악재 발생 가능성 여부를 반드시 확인합니다.
(2) 매수 포인트에 오면 재무제표를 확인합니다.
(3) 무조건 분할매수해야 합니다.
(4) 7% 이상 수익이 나거나 20일선에서 매도합니다.

우선 시가총액 100위권 안에서 낙폭과대로 가는 종목을 찾아보겠습니다.
(1) 키움증권 HTS를 이용한 검색기를 만들어보겠습니다.
(2) 검색된 주식 매수 조건

매도 방법

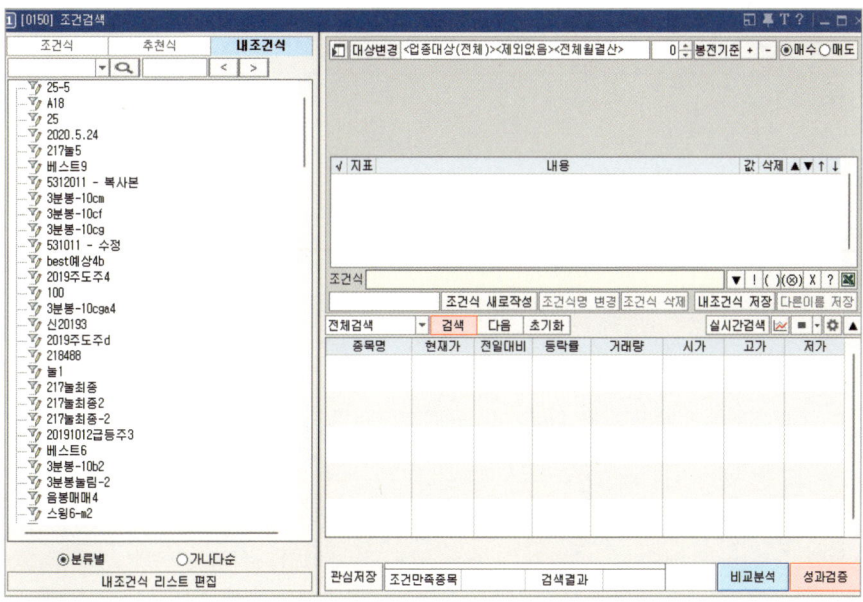

그림 120

키움증권에서 '0150'을 입력한 후 조건검색을 실행합니다. 실행 후 좌측 상단의 조건식, 추천식, 내 조건식에서 조건식을 클릭합니다.

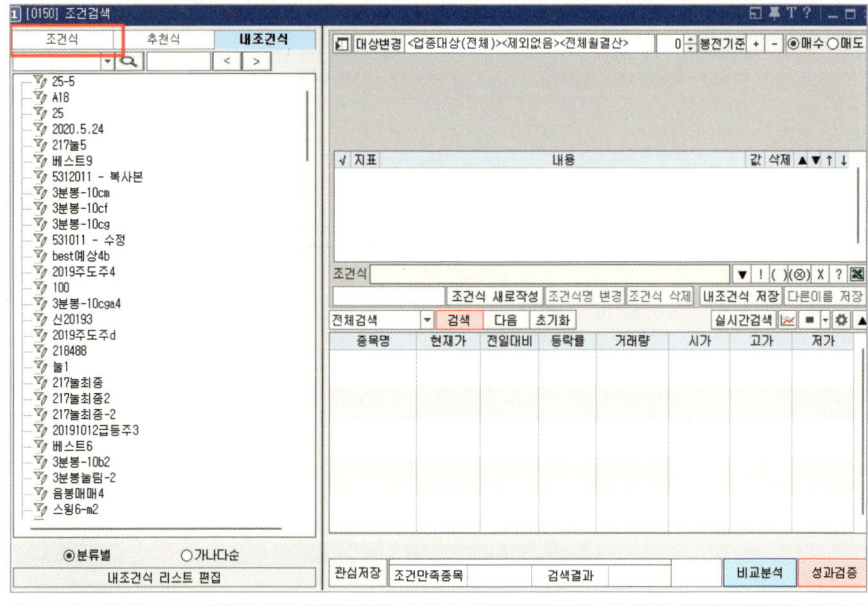

그림 121

키움증권 '0150' 조건검색 탭에서 좌측 상단의 조건식을 클릭합니다.

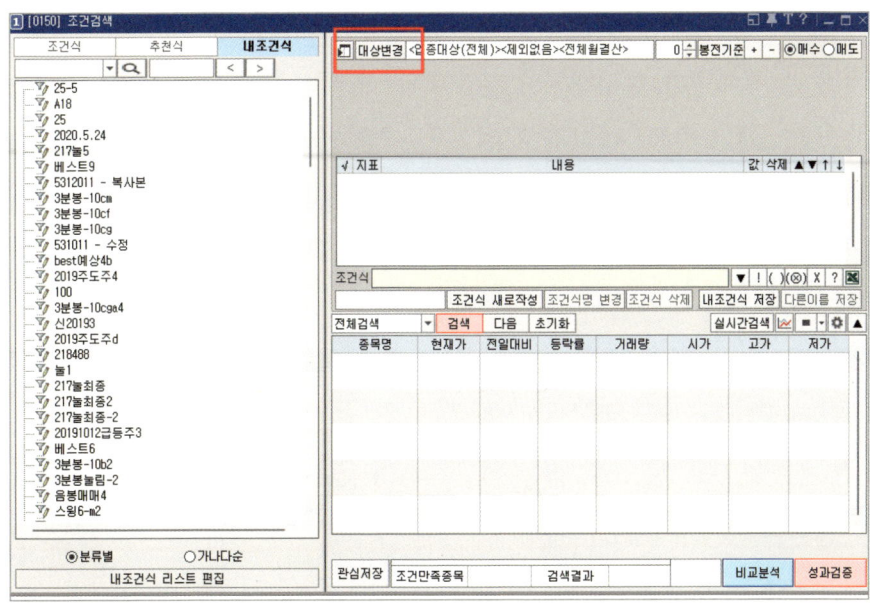

그림 122

키움증권 '0150' 조건검색 탭에서 중앙 상단의 대상변경을 클릭한 후

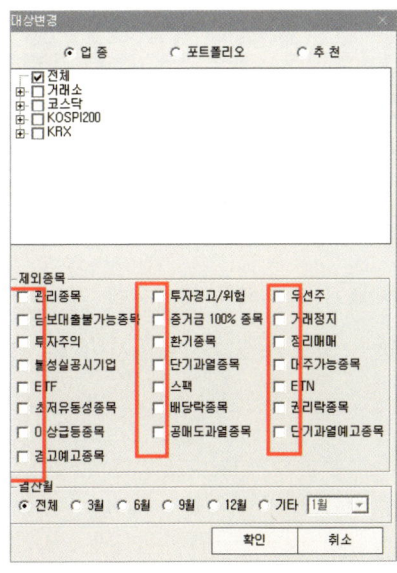

그림 123

대상변경 창에서 전체를 체크한 후 제외 종목을 관리종목, 담보대출 불가 종목, 투자주의, 불성실공시 기업, ETF, 초저 유동성 종목, 이상 급등 종목, 경고 예고 종목, 투자 경고/위험, 증거금 100% 종목, 환기 종목, 단기 과열 종목, 우선주, 거래정지, 정리매매, 대주 가능 종목, ETN, 권리락 종목, 단기 과열 예고 종목을 모두 체크한 후 확인을 클릭합니다.

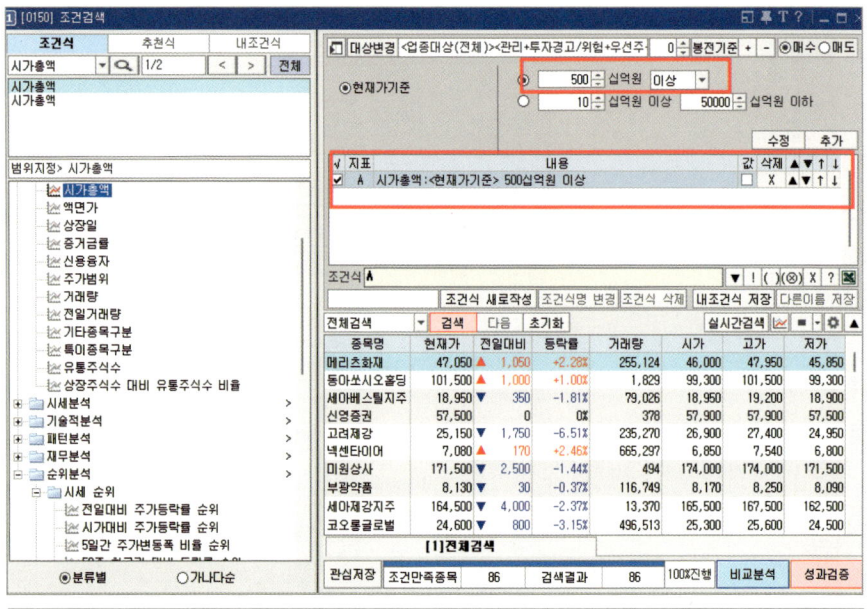

그림 124

키움증권 '0150' 탭에서 우측 상단의 현재가 기준에서 500십억 원 이상 변경한 후 수정 버튼을 클릭하면 시가총액:〈현재가 기준〉500십억 원 이상으로 변경됩니다.

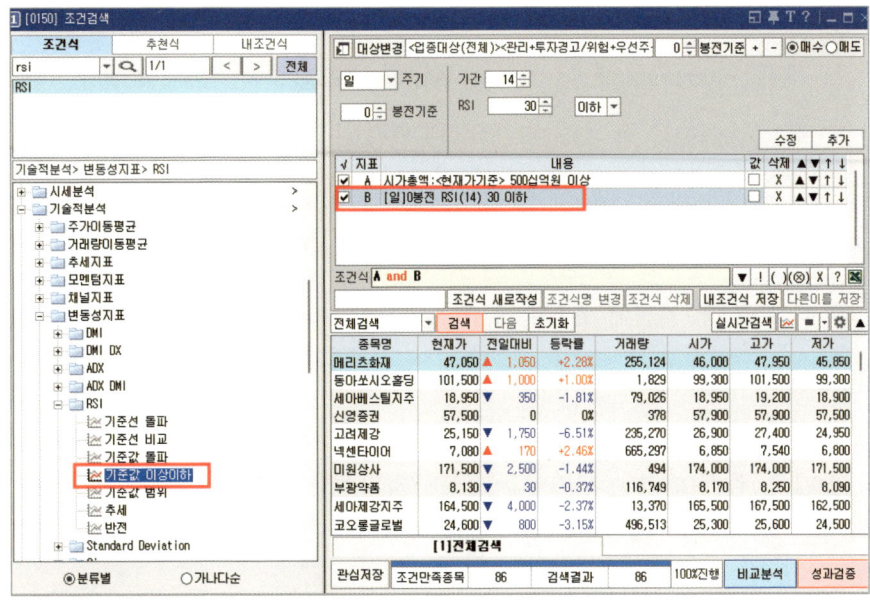

그림 125

 키움증권 '0150' 조건검색 탭에서 실행한 후 조건식에서 RSI를 입력한 후 클릭합니다. RSI 항목에서 기준선 돌파, 기준선 비교, 기준값 돌파, 기준값 이상 이하를 선택합니다. 우측 [일]0봉전 RSI (14) 30 이하로 변경한 후 수정 버튼을 클릭합니다. 검색기를 만들어봤습니다. 지금부터는 차트를 통해 매수 포인트를 알아보겠습니다.

- 매수 포인트

① 일봉상 RSI 30 이하일 때 1차 매수, 1차 매수 후 -10% 하락 시 2차 매수입니다. 2차 매수가격 대비 -10% 하락 시 마지막 3차 매수입니다.

② 일봉상 RSI 30 이하에서 두 번 하락 시 1차 매수하고 1차 매수가격 대비 -10% 하락 시 2차 매수합니다(확률이 높은 매매를 원하신다면 RSI 30 이하로 두 번째 내려왔을 때 매매합니다).

- 매도 포인트

① 매수 후 20일선에서 1차 매도
② RSI 보조지표 70일 때 매도(보통 낙폭과대주를 매수했을 때 RSI 70까지 오면 확률은 30% 미만입니다)
③ 매수 후 5% 이상 수익이 났을 때 차익실현합니다.

실전사례 1

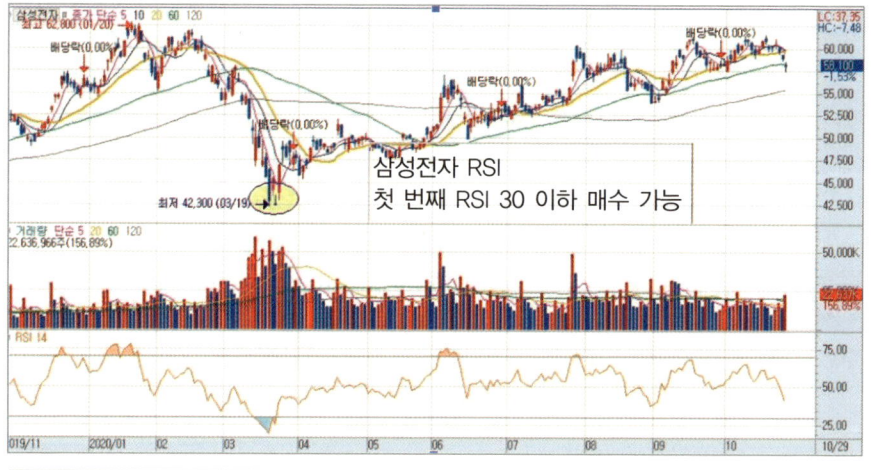

그림 126

2020년 3월 삼성전자는 RSI 30 이하인 45,000원에서 1차 매수 포인트가 포착되었습니다. 1차 매수 후 주가는 42,300원까지 하락했는데 -10% 하락하지 않아 추가매수는 못 했습니다. 1차 매수 후 주가는 20일선 가격인 50,000원 근처까지 상승했습니다.

실전사례 2

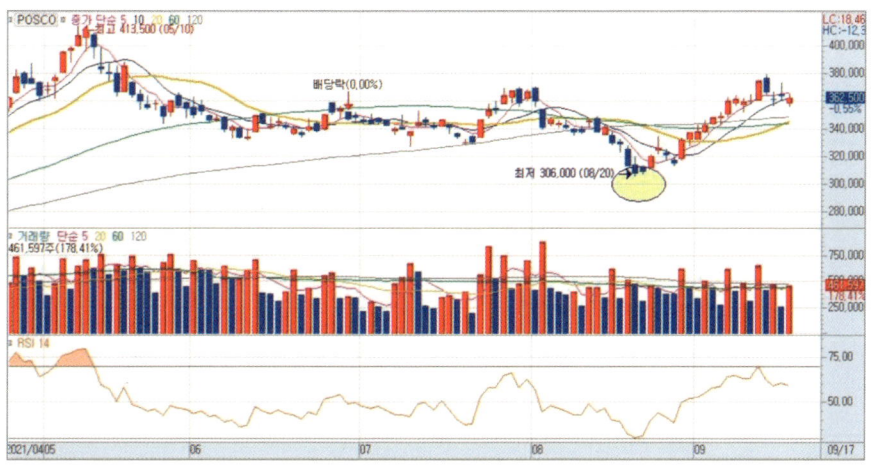

그림 127

POSCO 차트입니다. 2021년 8월 중순 무렵 RSI 30 이하인 310,000원에서 1차 매수 포인트가 포착되었습니다. 1차 매수 후 주가는 하락하지 않고 그대로 380,000원까지 상승했습니다.

실전사례 3

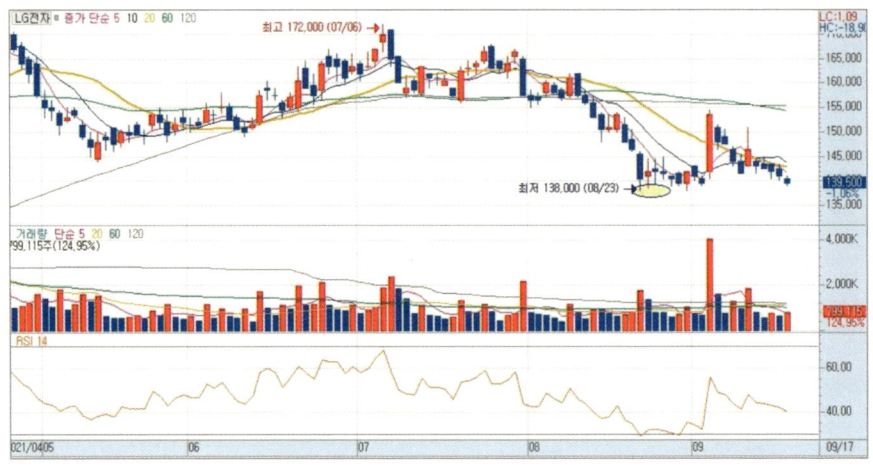

그림 128

　LG전자 차트입니다. 2021년 8월 무렵 RSI 30 이하인 140,000원에서 1차 매수 포인트가 포착되었습니다. 1차 매수가격 포착 후 RSI 30 이하로 다시 한번 하락했습니다.

🎯 TIP

　RSI 보조지표 30 이하로 두 번 하락하면 그 종목은 상승할 확률이 높아집니다. 보수적으로 매매하시는 분들은 RSI 30 이하로 두 번째 내려온 자리에서 매수하시는 것이 좋습니다.

실전사례 4

그림 129

　삼성전기 차트입니다. 2021년 5월 RSI 30 이하로 1차 매수가격 170,000원입니다. 1차 매수 후 주가는 158,500원까지 하락했습니다. 1차 매수가격에서 −10% 하락한 가격은 153,000원입니다. 주가는 158,500원까지 하락해 2차 매수는 못 했지만 주가는 20일선, 60일선까지 상승해 단기적으로 180,000원까지 상승했습니다.

TIP

　보수적인 투자자분들은 RSI 30 이하로 두 번 하락하는 160,000원에서 1차 매수가 가능했습니다.

실전사례 5

그림 130

NAVER 차트입니다. 2021년 5월 무렵 RSI 30 이하로 1차 매수가격 340,000원이 포착되었습니다. 1차 매수 후 주가는 465,000원까지 상승했습니다.

실전사례 6

현대차 차트입니다. 2021년 7월 무렵 RSI 30 이하로 주가는 220,000원입니다. 1차 매수 포인트입니다. 2차 매수는 1차 매수가격 대비 -10% 하락한 200,000원입니다. 현대차는 1차 매수, 2차 매수에 추가 매수해 평균 매수단가는 210,000원입니다. 단기적으로 215,000원까지 상승했습니다.

그림 131

💲 TIP

2021년 7월 말 무렵 첫 번째로 RSI 30 이하로 내려왔습니다. 2021년 8월 중순 RSI 30 이하로 다시 하락했습니다. 여기서 보수적인 투자자분들은 RSI가 30 이하로 두 번 내려오면 1차 매수 후 -10% 밀렸을 때 추가 매수 하시면 수익을 극대화하실 수 있습니다.

주식, 낙폭과대주
이것만 기억하자

CHAPTER 6

하락장에서
수익 내기

– 인버스 투자하기

하락장에서 수익을 내기 위해 지수가 하락할 때 수익을 낼 수 있는 상품에 투자하는 것입니다.

– EFT란?

상장지수 펀드의 약자입니다. 인덱스 펀드를 상장시켜 주식처럼 거래 가능하게 만든 상품입니다. 인덱스 펀스는 일반 주식형 펀드와 달리 KOSPI200과 같은 시장 지수 수익률을 그대로 쫓아가도록 구성된 펀드로 주가 지표 변동과 동일한 투자성과의 실현을 목표로 구성된 포트폴리오입니다.

일반 펀드상품에 가입하는 경우와 ETF 상품에 직접 투자하는 경우의 비교 EFT(상장지수펀드) 주식처럼 매수·매도가 가능해 환급성이 뛰어납니다. 일반 펀드는 운용수수료가 있습니다. 적게는 1%, 많게는 2%입니다. EFT 상품의 수수료는 0.2%입니다. 일반 펀드에 비해 수수료를 절감할 수

KODEX 200	삼성자산운용
TIGER 200	미래에셋자산운용
KBSTAR 200	KB자산운용
ARIRANG 200	한화자산운용
KOSEF 200	키움투자자산운용
KINDEX 200	한국투자신탁운용
HANARO 200	NH-Amundi자산운용

그림 132

있습니다. ETF는 인덱스 펀드의 장점과 주식처럼 언제든지 사고팔 수 있다는 장점이 있습니다. 국내 상위 200개 우량종목으로 구성된 KOSPI200 지수를 추종하는 ETF 상품에 대해 알아보겠습니다.

상품명 앞의 영문은 자산운용사를 뜻합니다.

- EFT의 종류

EFT는 종목에 따라 나뉩니다. 지수형, 업종/섹터지수형, 테마지수형, 해외지수형, 채권형, 통화형 등이 있으며 원유, 금, 은, 농산물, 구리, 콩 등의 원자재에도 투자할 수 있습니다. 우리는 대표적인 EFT 상품 중에서 지수형인 KODEX 레버리지, KODEX 인버스에 대해서만 알아보겠습니다.

- 인버스의 정의

인버스는 기초 자산의 움직임을 정반대로 추종하도록 설계된 금융투자 상품으로 코스피200 지수의 등락과 반대로 움직이도록 설계되어 있습니다.

- 인버스의 종류

코덱스 인버스는 삼성자산운용, 타이거 인버스는 미래에셋자산운용, 킨덱스 인버스는 한국투자신탁자산에서 운용하는 상품입니다. 인버스 투자를 하기 위해서는 KODEX 인버스, KODEX 200 선물 인버스 2×만 매매하시면 됩니다. KODEX 인버스 이외 인버스 상품은 거래량이 적으므로 삼성자산운용의 KODEX 상품만 매매하시면 됩니다.

- 인버스에 투자하는 이유는?

일반적으로 주식은 매수한 후 상승해야만 수익이 발생하지만 인버스 상품은 주가가 하락할 때 수익이 나도록 설계된 상품입니다. 시장 하락이 예상된다면 주식을 매도한 후 현금화하거나 시장이 하락할 때 인버스에 투자하면 수익이 발생합니다.

- KODEX200 선물 인버스 2×란?

주가 하락에 베팅하는 ETF의 일종으로 코스피200 선물지수(F-KOSPI200)의 일별 수익률을 2배 역추종하는 상품입니다. 코스피200 선물지수가 하루에 1% 하락하면 ETF는 약 2% 상승하는 구조입니다. KOSPI200 지수 관련 파생상품 및 집합투자기구 등으로 포트폴리오를 구성하고 필요하면 증권 차입 등 기타 효율적인 방법을 활용합니다. 이와 유사한 상품인 'KODEX 인버스'와 'KODEX 코스닥150 선물 인버스'도 주가 하락에 베팅합니다. KODEX 인버스는 코스피200 지수와 반대 방향으로 가도록 설계되었고 KODEX 코스닥150 선물 인버스도 코스닥150 선물지수를 역추종합니다.

레버리지·인버스 ETF는 설계 구조상 장기로 투자하기에는 부적합하므로 투자에 유의해야 한다는 것이 전문가들의 조언입니다. 기초 자산에 해당하는 지수가 등락을 거듭해 제자리로 복귀해도 수익률은 오히려 떨어지는 구조 때문입니다. 레버리지 ETF는 기초지수가 방향성을 가지고 오르거나 떨어질 때 투자하면 유리합니다. 일반 ETF는 기초지수 등락폭에 비례해 수익률이 결정되지만 레버리지 ETF는 등락폭의 2배만큼 수익을 낼 수 있기 때문입니다. 하지만 기초지수가 횡보하거나 박스권에 빠지면 일반 ETF보다 저조한 성적을 낼 수 있습니다. 기초지수와 ETF 가격 모두 100으로 가정해봅시다. 첫째 날 기초지수가 10% 오르고 둘째 날 10% 떨어지면 일반 ETF의 누적수익률은 -1%가 됩니다. 100 → 110 → 99 순으로 ETF 가격이 바뀌기 때문입니다. 레버리지 ETF의 누적수익률은 -4%로 손실 폭이 커집니다. 20% 올랐다가 20% 떨어지면 100 → 120 → 96 순으로 ETF 가격이 바뀝니다. '음의 복리효과'가 생기기 때문입니다. 수수료도 일반 ETF보다 많습니다. 코스피200 지수를 추종하는 'KODEX200' 수수료는 연 0.15%이지만 같은 지수를 추종하는 레버리지 ETF인 'KODEX 레버리지' 수수료는 연 0.64%로 4배 이상 많습니다. 선물거래를 동반하므로 관련 거래비용 부담이 커지기 때문입니다.

금융투자업계 관계자는 "레버리지 ETF는 기초지수 기간수익률의 2배가 아니라 일간수익률의 2배를 추종한다는 점에 유의해야 한다."라며 "레버리지 상품은 주가가 오를 거라는 확신이 있는 기간에만, 인버스 상품은 주가가 내릴 거라는 확신이 있는 기간에만 짧게 투자하는 전략이 유리하다."라고 조언합니다.

- KODEX: 삼성자산운용
- 200: 코스피200 선물
- 인버스: 코스피200 선물과 반대로 움직임
- 2×: 2배 레버리지

삼성자산운용에서 만든 코스피200 선물지수를 추종하는 2배 레버리지 인버스 내용입니다. 기초지수가 1% 하락하면 이 상품은 2% 상승합니다. 인버스와 종합주가지수를 비교해 보겠습니다.

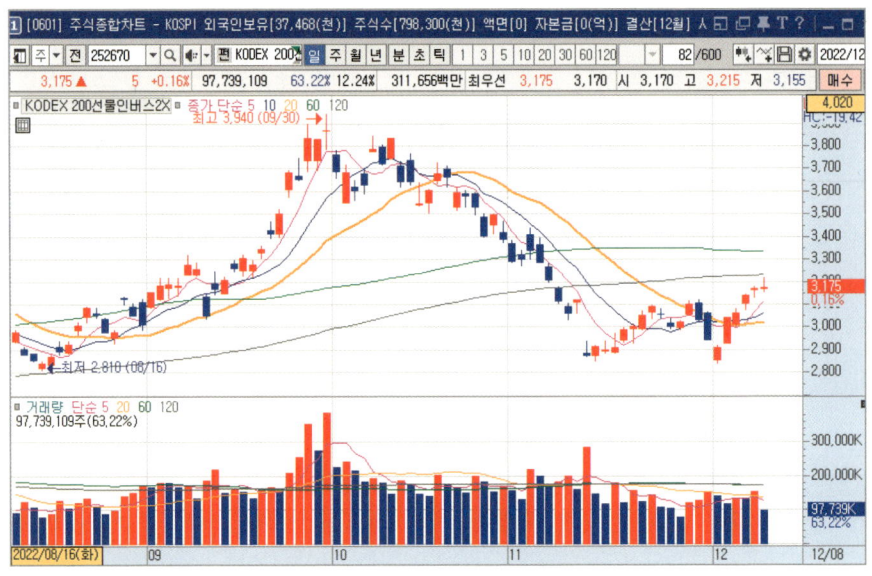

그림 133

2022년 12월 8일 KODEX200 선물 인버스 2×가 120일선에서 저항받는 모습입니다.

그림 134

　선물종합차트입니다. 선물은 하락하고 코덱스 인버스 2× 차트는 상승하며 정반대로 움직입니다.

- 인버스 개설하는 방법

네이버에서 금융투자교육원을 검색합니다.

그림 135

1. 금융투자교육원 회원가입 후 이러닝 클릭

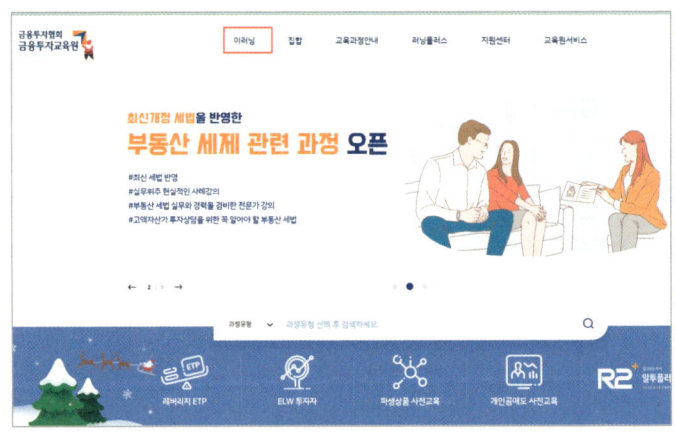

그림 136

금융투자협회 금융투자교육원 사이트 좌측 상단의 이러닝 클릭

2. 한눈에 알아보는 레버리지 ETP(ETF, ETN) 수강신청(수강료 3천 원)

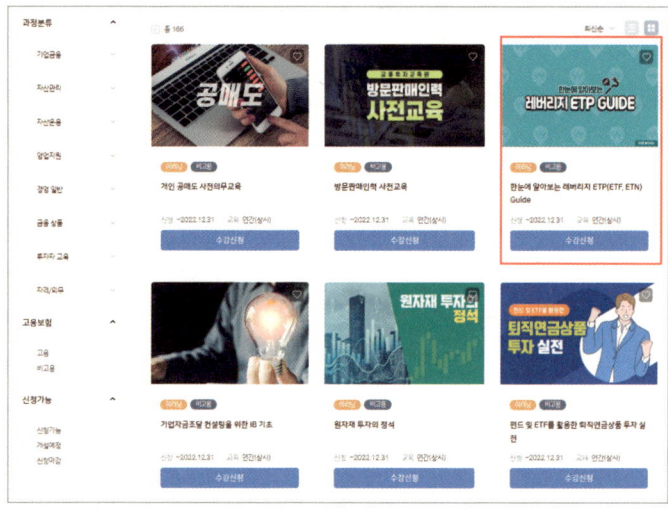

그림 137

금융투자교육원 사이트에서 이러닝 클릭 후 우측 상단의 레버리지 ETP GUIDE 수강신청

그림 138

이러닝 한눈에 알아보는 레버리지 ETP(ETF, ETN) GUIDE 선택 후 3천원 결제

3. 수강 완료 후 메인 페이지 우측의 MY 버튼 클릭 - 학습종료

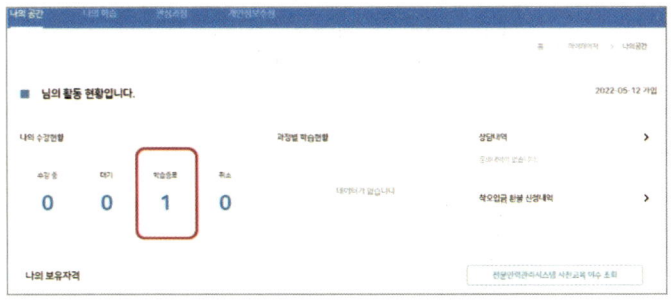

그림 139

4. 수료증 클릭

그림 140

5. 사용하는 증권사 앱에서 수료번호 입력

키움증권(영웅문) 적용하기 MTS
메뉴 - 업무 - 신청/등록 - ETF 거래 - 레버리지 EFT 교육이수 탭
수료번호를 교육이수 번호란에 입력

미래에셋증권 적용하기

미래에셋 어플 실행 검색창에 '교육'을 입력한다.
ETF/ETN 교육등록을 선택한다.

그림 141

수료증에 나와 있는 교육이수 번호를 입력한다.

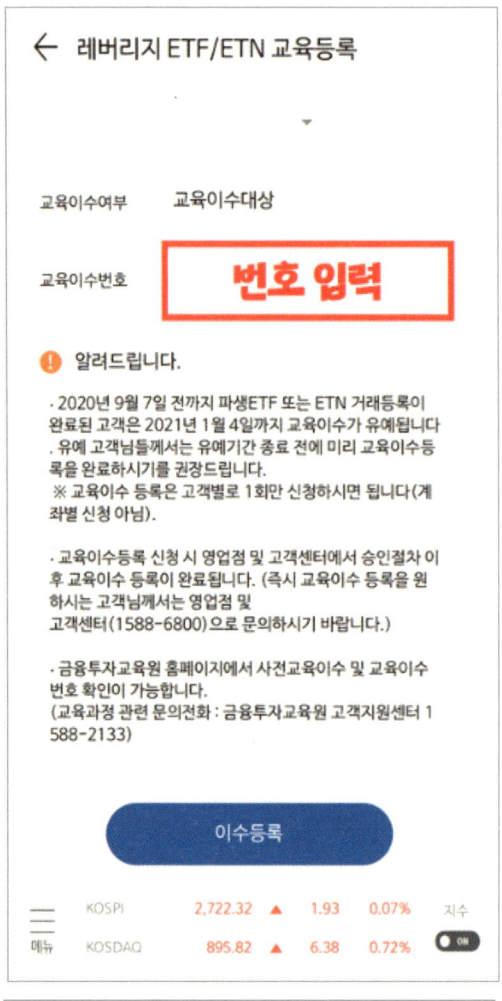

그림 142

교육이수 여부에 승인신청을 클릭하면 완료된다.

ETF 예수금: 최소 천만 원

CHAPTER 7

주봉상 낙폭과대주 매매

- 주봉상 낙폭과대주 매매란?

　주식투자는 투자자의 성향에 따라 매매 스타일에 맞게 투자해야 합니다. 직장인 투자자는 단타, 초스켈핑 매매는 하시면 안 됩니다. 중·장기 투자를 하셔야 합니다.

- 주봉 매매

• 매수 조건

(1) 시가총액 상위 200위권 종목, 코스피200, 코스닥150 종목, 시가총액 3조 원 이상 종목이 매매 대상입니다.
(2) 주봉상 RSI 30 이하로 내려오면 주가는 최대 -30%까지 하락합니다. 주봉상 RSI 30 이하로 내려오면 1차 매수, 1차 매수 후 -15% 하락 시 2차 매수, 2차 매수 후 -15% 하락 시 추가 매수합니다.
(3) 분할매수를 기본 조건으로 매매해야 합니다.
(4) 관리종목, 우선주, 증100, 천 원 이하 종목은 제외합니다.
(5) 재무제표상 영업이익이나 당기순이익이 4년 연속 적자인 기업은 제외합니다.
(6) 뉴스 악재, 배임·횡령, 유상증자, 불성실공시 법인 지정, 감사보고서 의견거절, 비적정, 한정의견 종목은 제외합니다.

• 매도 조건

(1) 매수 후 10% 이상 수익 시 매도합니다.
(2) 매수 후 주봉상 13일선에 오면 매도합니다.

유의 사항

배임·횡령, 자본잠식, 상장폐지 사유 발생 시 매매 금지입니다. 반드시 분할매수하셔야 합니다. 시가총액은 높을수록 수익률은 적지만 확률은 높습니다. 저가주, 시가총액이 낮은 종목은 기업에 개별 악재가 있는 경우가 많으므로 매매를 피하셔야 합니다.

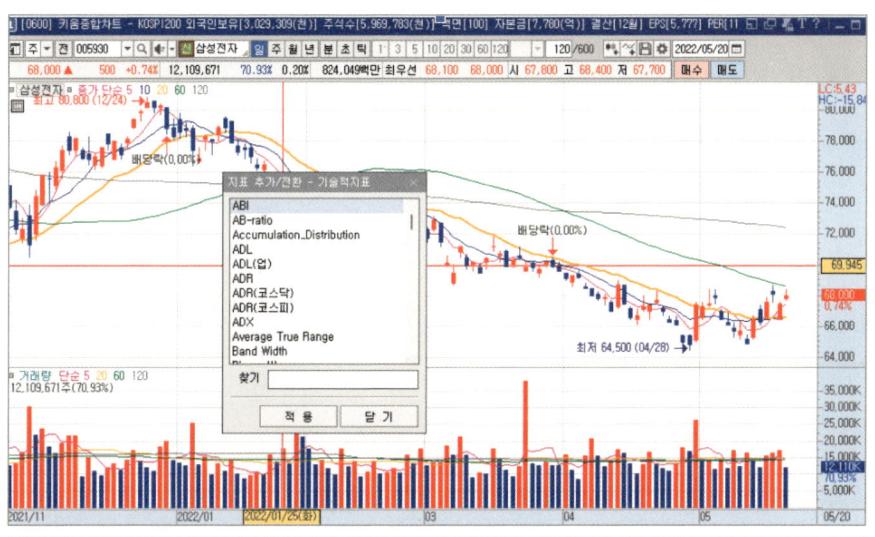

그림 143

키움증권 영웅문 차트 좌측 상단에서 '0600'을 선택합니다. 키움증권 종합차트에서 '삼성전자'를 입력하시면 삼성전자 차트가 나옵니다. 삼성전자

일봉 차트에서 마우스 우클릭해 '지표 추가/전환-기술적 지표'에서 RSI 영문을 입력한 후 RSI 보조지표 차트를 입력합니다.

그림 144

위 차트는 RSI 보조지표를 입력한 후 일봉 차트를 주봉 차트로 변경한 것입니다. 이제 삼성전자 주봉 차트가 보입니다. 2022년 4월 24일 주봉 RSI 30 이하인 1차 매수가격 65,000원에 왔습니다. 삼성전자는 1차 매수 후 2차 매수 포인트가 오지 않고 상승했습니다. 64,500원에서 단기간에 13일 이동평균선인 68,000원까지 상승했습니다. 비록 2차 매수는 못 했지만 1차 목표가격인 13일 이동평균선까지 상승했습니다.

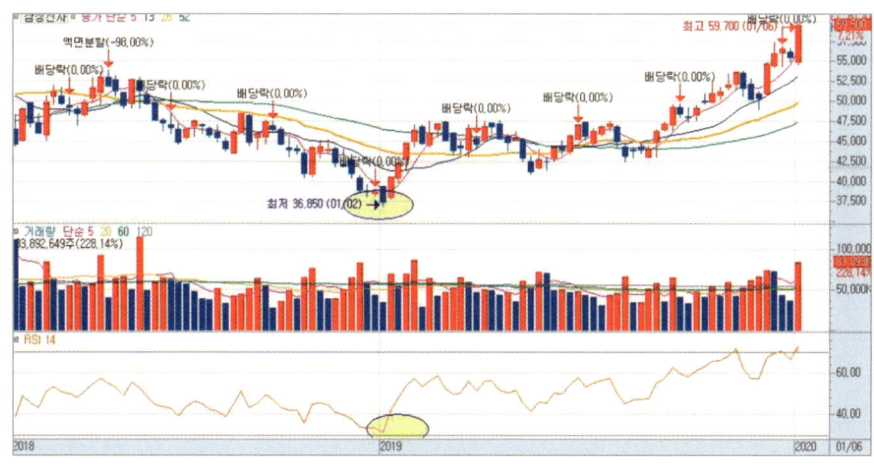

그림 145

    2019년 12월 말 무렵 삼성전자 주봉 차트입니다. 주봉상 RSI 30 가격은 37,000원이었습니다. 1차 매수가격은 37,000원, 13일 이동평균선 가격인 단기 목표가격은 41,000원이었습니다. 2019년 주봉상 1차 매수 후 주가는 급등해 52,000원까지 상승했습니다. 배우신 대로 1차 매도 13일 이동평균선 가격입니다.

실전사례 2

셀트리온 헬스케어
기업 개요

1999년 12월 설립된 동사는 주요 계열사인 셀트리온과 공동개발 중인 바이오 의약품(바이오시밀러, 바이오베터, 바이오 신약)들의 글로벌 마케팅·판매를 독점적으로 담당하고 있습니다. 동사가 주력 중인 바이오시밀러 제품은 인플릭시맙(램시마), 리툭시맙(트룩시마), 트라스투주맙(허주마) 등입니다. 글로벌 제약업체인 화이자, Teva 등을 포함해 110여 개국, 30개 파트너와 판매·유통 파트너십을 구축했습니다.

그림 146

셀트리온 헬스케어는 주봉상 2021년 1월 중순 1차 매수 포인트가 포착되었고 65,000원까지 오른 후 60,000원까지 하락했습니다. 1차 매수가격 대비 -15% 하락해야 2차 매수가격인데 2차 매수는 못 하고 주가는 2개월 동안 횡보한 후 단기적으로 70,000원까지 상승했습니다.

💲 TIP

2021년 1월 주봉상 RSI가 30 이하로 한 번 내려왔다가 2021년 1월 말 RSI는 30 밑으로 다시 하락했습니다. 주봉에서 RSI 30 아래로 두 번 내려오면 주가는 급등하는 경향이 있으므로 길게 보고 끌고 가셔야 합니다.

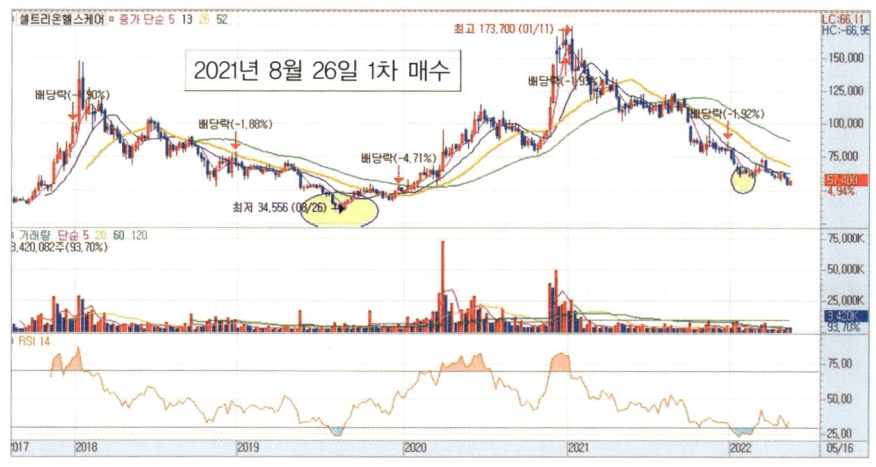

그림 147

2019년 8월 26일 주봉상 RSI 30 이하 가격인 36,000원에서 1차 매수, 1차 매수 후 주가는 34,556원까지 하락했습니다. 여기서 손절하면 시간이 지나면 최저점 손절이 됩니다. 우리는 1차 매수가격 대비 -15% 하락한 가격에서 원칙대로 추가 매수해야 합니다. 1차 매수가격 대비 -15% 하락한 가격은 30,600원입니다. 셀트리온 헬스케어 주가는 1차 매수 후 하락했지만 2차 매수가격까지는 오지 않아 1차 매수한 수량에 대해서만 차익실현할 수 있었습니다.

실전사례 3

포스코케미칼

기업 개요

동사의 주요 사업은 2차전지 소재, 첨단화학소재, 산업 기초소재로 2차전지용 양극재, 음극재, 탄소 소재 원료·제품, 내화물과 생석회 등을 제조·판매합니다. 포스코그룹 계열 소재 전문회사로 2021년 약 1조 2,700억 원 규모의 유상증자를 통해 대규모 투자 재원을 마련했습니다. 2차전지 소재 분야에서 포스코그룹의 리튬, 니켈 등의 원료, 2차전지 소재 연구센터 등의 R&D 인프라, 글로벌 마케팅 네트워크를 연계해 사업경쟁력을 높여 나가고 있습니다.

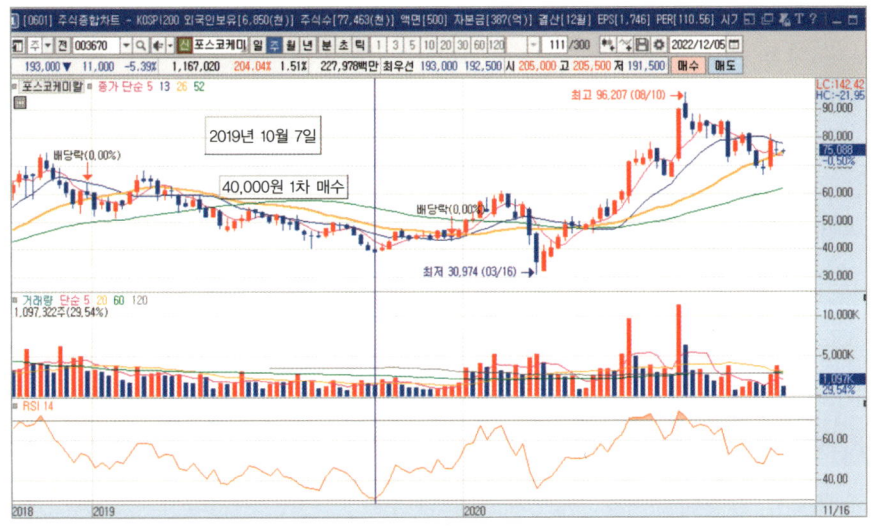

그림 148

포스코케미칼은 2019년 9월 7일 주봉상 RSI 30 이하인 1차 매수 포인트 40,000원이 포착되었고 1차 매수 후 2차 매수 포인트가 오지 않고 그대로 상승했습니다. 이렇게 1차 매수 후 2차 매수 포인트가 오지 않고 상승하면 그대로 1차 매수분에 대해서만 차익실현합니다. 저점을 정확히 알 수 없으므로 분할매수가 리스크를 피하고 확률을 높이는 방법입니다. 2020년 3월 무렵 주가는 50,000원을 상회했습니다.

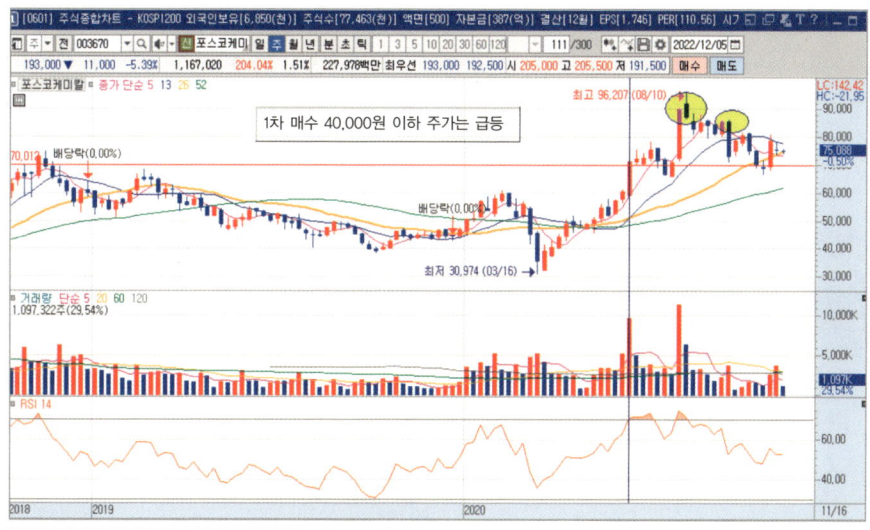

그림 149

포스코케미칼처럼 주봉에서 매수한 후 보유 중이시라면 매도 시점은 주봉 13일 이동평균선입니다. 하지만 주봉상 RSI 70 이상권에 오면 반드시 매도하셔야 합니다. 포스코케미칼은 30,974원 최저점을 찍고 RSI 70 이상 처음으로 70,000원까지 상승했습니다. 추가 상승 여부는 알 수 없습니다. 철저히 매도 원칙으로 대응하셔야 합니다.

- 코스피 시가총액 1위 종목, 주봉에서 매매하기

- 코스닥 시가총액 1위 종목, 주봉에서 매매하기

KB금융

기업 개요

2008년 설립된 KB금융그룹의 지주회사로 업계 선두권의 시장 지위와 높은 브랜드 인지도를 바탕으로 은행, 카드, 증권, 생명보험, 손해보험, 저축은행 등 다양한 사업을 영위 중입니다. 2022년 6월 말 기준 업계 1위

그림 150

시장점유율을 가진 KB국민은행과 더불어 13개 자회사를 보유 중입니다. WM, CIB, 글로벌, 자본시장 부문을 신성장 영역으로 집중육성하고 디지털 금융 강화전략으로 No. 1 금융플랫폼 기업으로 도약하기 위해 노력 중입니다.

KB금융 주봉 차트상에서 RSI 30 이하 가격은 1번 자리로 37,000원이 1차 매수가격입니다. 1차 매수 후 주가는 급락해 -15% 하락한 2번 자리인 26,000원까지 하락했습니다. 1차 매수와 2차 매수한 평균 매수단가는 31,500원입니다. 주가는 급등해 단기적으로 35,000원을 상회했습니다. 2차 매수 시 미련 없이 원칙대로 매도하셔야 합니다. 특히 분할매수를 안 하시면 절대로 수익이 나지 않습니다.

그림 151

평균 매수단가는 31,000원이었습니다. 주가는 급등해 47,000원까지 상승했습니다. 여기서 중요한 핵심은 KB금융을 보유한 주주라면 주봉상 RSI 70을 돌파하거나 70 근처에 왔을 때 반드시 매도하셔야 한다는 것입니다.

기아

기업 개요

1999년 아시아자동차와 함께 현대자동차에 인수되었고 기아차판매, 아시아자동차, 기아대전판매, 아시아차판매 4개사를 통합했습니다. 국내(광명 소하리, 화성, 광주, 위탁)와 미국, 슬로바키아, 멕시코 공장의 생산능력을 모두 합하면 연간 295만 대 규모입니다. 전체 매출액의 약 40%를

그림 152

내수시장에서 판매 중이며 북·중미, 유럽 등 해외 시장의 판매 비중은 약 60% 수준입니다.

기아 주봉 차트입니다. 2020년 3월 9일 주봉상 RSI 30 이하 1차 매수가격은 34,000원입니다. 1차 매수가격 대비 -30% 하락한 가격은 23,800원입니다. 그러나 주가는 3차 매수까지 했는데도 불구하고 추가 하락해 21,500원까지 밀렸습니다. 3차 매수 후 무서워 손절했다면 시간이 지나면 최저점 손절입니다. 3차 매수까지 했는데도 주가가 하락한다면 회사 존폐 위기, 상장폐지 가능성, 부도 가능성을 반드시 확인하셔야 하고 회사가 사라질 만한 악재가 아니라면 강력 보유 전략이 유효합니다.

2020년 3월 9일 주가는 왜 이렇게 하락했을까요? 기아의 부채가 많거나 자본잠식, 상장폐지 사유 발생 여부에 따라 손절 여부를 판단합니다. 2020년 3월 9일 코로나19의 대유행으로 모든 종목과 지수가 폭락했습니다. 기아 회사의 문제가 아니라 전 세계적인 악재로 인한 하락이므로 손절할 필요가 없습니다. 이렇게 기아를 3차까지 분할매수했다면 평균 매수단가는 28,933원입니다. 추가매수 후 100,000원까지 상승했습니다. 무섭고 두려운 자리가 바로 주식을 사야 하는 자리입니다.

SK하이닉스
기업 개요
1983년 현대전자로 설립되어 2001년 하이닉스반도체를 거쳐 2012년 최대주주가 SK텔레콤으로 바뀌면서 SK하이닉스로 상호를 변경했습니다. 주력 제품은 DRAM, 낸드플래시, MCP와 같은 메모리 반도체이며 2007년부터 시스템 LSI 분야인 CIS 사업에 재진출했습니다. 2020년 10월 인텔의 NAND 사업, 2021년 10월 키파운드리 지분 100% 양수를 결정했습니다. 세계 반도체 시장점유율은 D램은 약 28%, 낸드플래시는 14% 수준입니다.

그림 153

    2022년 6월 20일 SK하이닉스 RSI 30 이하 가격이 87,691원이면 1차 매수가격입니다. 1차 매수 후 추가 매수 없이 주가는 상승해 주봉상 13일 이동평균선인 목표가격 100,000원까지 상승했습니다. 1차 매수 후 2차 매수가격까지 오지 않고 목표가격에 도달했습니다. 1차 매수 후 목표가격 도달 시 1차 매수분에 대해서만 차익실현하시면 됩니다. 보통 시가총액이 높은 종목일수록 1차 매수 후 추가매수 없이 상승하는 경우가 많습니다.

그림 154

2019년 1월 SK하이닉스 주봉 차트입니다. RSI 30 이하 가격인 57,413원에 1차 매수되었습니다. 1차 매수 후 주가는 단기적으로 70,000원까지 상승했습니다. 주봉상 RSI 지표를 이용하면 상당히 확률 높은 매매를 하실 수 있습니다.

한화에어로스페이스

기업 개요

동사 및 종속회사는 고도의 정밀기계 분야의 핵심기술을 바탕으로 항공용 엔진, 방산, 시큐리티(CCTV), 파워시스템(에너지 장비), 산업용 장비, IT 서비스, 항공·우주 사업 등 다양한 사업 포트폴리오를 구성하고 있습니다. 가스 터빈 엔진 및 엔진부품 등을 생산하는 항공엔진 사업은 상당한 수준의 투자가 필요함은 물론 핵심기술의 진입장벽이 높은 산업으로 장기간의 개발 기간과 투자가 필요합니다.

그림 155

2022년 3월 무렵 한화에어로스페이스는 주봉상 RSI 30 이하 가격인 26,717원입니다. 1차 매수가격 대비 -15% 하락한 2차 매수가격은 22,709원입니다. 2차 매수가격 대비 -15% 하락한 3차 매수가격은 19,303원입니다. 1차, 2차, 3차 매수 후 주가는 14,850원까지 하락했습니다. 평균 매수단가는 22,896원입니다. 그러나 3차 매수까지 했는데도 불구하고 주가는 급락해 14,850원까지 하락했습니다. 이 지점에서 손절할지 보유할지 결정해야 합니다. 필자의 결정은 보유입니다. 3차 매수까지 했는데도 주가가 급락한다면 첫째, 회사에 상장폐지 사유가 발생했는지 확인해야 하고 둘째, 자본잠식이나 부도 여부도 확인해야 합니다. 특별한 악재가 없다면 강력 보유 전략을 유지합니다. 이렇게 1차, 2차, 3차 매수까지 했는데도 주가가 급락한다면 중·장기적으로 급등하는 경우가 많습니다. 주가는 30,000원까지 상승했습니다.

NAVER

기업 개요

동사는 국내 1위 포털 서비스를 기반으로 광고, 쇼핑, 디지털 간편결제 사업을 영위하고 있으며 공공·금융 분야를 중심으로 클라우드를 비롯한 다양한 IT 인프라 및 기업형 솔루션 제공을 확대해 나가고 있습니다. 네이버 파이낸셜, 네이버 웹툰, 스노우, 네이버 제트 등을 연결대상 종속회사로 보유하고 있습니다. 2022년 2분기 기준 매출은 서치플랫폼 45.12%, 커머스 22%, 핀테크 14.66%, 콘텐츠 13.16%, 클라우드 5.06%로 구성되어 있습니다.

그림 156

    2018년 네이버 주봉상 RSI 30 이하 1차 매수가격은 127,083원입니다. 1차 매수가격 대비 -15% 하락한 가격은 108,075원입니다. 1차 매수와 2차 매수한 평균 매수단가는 117,579원입니다. 2차 매수 후 평균 매수단가는 낮아졌습니다. 주가는 단기적으로 130,000원까지 상승했습니다. 1차 매수 후 주가가 하락하면 두려워하지 마시고 반드시 추가 매수하셔야 합니다. 이런 패턴의 매매를 하시다 보면 주식으로 수익 내는 것이 쉬워집니다.

CHAPTER **8**

단타매매

- 단타매매란?

주식시장에서 주식을 매수한 후 짧은 시간 안에 매도하는 행위, 즉 단기간에 시세차익을 남기는 투자 방식인데 짧은 시간이 어느 정도인지 규정되어 있진 않습니다. 부동산이나 다른 실물자산은 빨리 매도해도 단타매매라고 부르지 않습니다. 주식과 매매방식이 비슷한 코인 시장에서도 주식용어인 이것을 사용합니다.

그러나 비트코인 등 코인 시장으로 넘어오면 얘기가 달라집니다. 하루에도 크게 오르내리는 경우가 잦고 거래 방법도 간편해 수많은 투자자가 코인 단타매매에 관심을 보이는 판국입니다. 즉, 주식보다 변동성이 커 성공만 하면 더 빨리, 더 많은 수익을 올릴 수 있는 것입니다. 물론 반대로 잃기도 쉽습니다. 주식 단타매매는 투자라기보다 투기 성격이 매우 짙습니다. 특히 하루나 수 시간 안에 일어나는 단타매매는 '돈 놓고 돈 먹기'와 같습니다.

이 와중에 기관 및 외국인 트레이더와 극소수 전문가가 수익의 대부분을 챙기고 개미들은 돈을 잃는 것이 보통이므로 충분한 지식과 경험이 없는 일반인은 가능하면 장기 투자가 상책입니다. 필자는 단타매매를 권하지 않으며 가능하면 스윙 매매, 지수 변곡점 매매를 권합니다. 단타매매는 횡보장이나 박스권 장세에서 유용합니다. 특히 직장인이나 장기 투자 성향인 분들께는 권해드리지 않습니다.

- 단타매매의 종류

- 극초단타매매 거래(High-Frequency Trading)

    마이크로초에서 밀리초 단위로 거래합니다. 거래 특성상 인간이 할 수 없어 고성능 컴퓨터에 알고리즘을 입력해 조건에 맞으면 거래하는 방식입니다.

- 스캘핑(Scalping)

    하루에 매우 많은 거래를 하며 매수 후 몇 분, 빠르면 몇 초 안에 팔아 차익을 거두는 기법입니다. 인간이 할 수 있는 매매 중 가장 짧은 시간 안에 이뤄집니다.

- 데이 트레이딩(Day Trading)

    하루 안에 매수와 매도를 끝냅니다. 하루에 한 번이나 여러 번 매수·매도합니다. 스캘퍼보다 매매 빈도가 낮고 보유시간도 깁니다. 여기까지가 당일 단타매매에 속합니다.

- 스윙 트레이딩(Swing Trading)

    단타매매 중 하루를 넘겨 보유하되 중·장기 투자만큼 오래 보유하지는 않는 매매입니다.

- 단타매매의 특징

모든 매매기법 중 자금회전율이 가장 높습니다. 특히 스캘핑은 하루 매매 횟수가 많으면 단돈 수백만 원으로도 하루 거래대금 1억 원을 넘기는 경우도 적지 않습니다. 자금회전이 빨라 시장유동성과 활력이 높아지는 효과가 있습니다.

단점으로는 각종 거래비용(증권사 수수료 및 세금)이 많이 듭니다. 그러나 최근 수수료를 일정 기간 또는 평생 면제해주는 증권사가 많아 '매수 시 +매도 시' 제반 비용으로 합쳐도 0.26~0.3%로 이전보다 상당히 저렴한 비용으로 거래할 수 있습니다.

- 단타매매의 장점

단타매매 실력이 좋다면 다른 기법들보다 매우 높은 수익률을 올릴 수 있습니다. 실제로 각 증권사 투자대회 우승자, 입상자들은 전원이 단타 트레이더입니다. 다른 매매기법보다 상대적으로 시장의 영향을 적게 받는 편입니다. 물론 적게 받는다는 것으로 폭락장에서는 단타매매조차 손실이 발생할 가능성이 크지만 그런 폭락장이라면 단타매매 이상, 즉 주식을 계속 보유하는 중·장기 투자에서의 손실은 단타매매에서의 손실과 비교할 수 없을 정도로 큰 손실일 것입니다. 단타매매는 그날 거래량이 많으면서 주가가 상승하는 종목들에 진입해 수익 구간일 때 재빨리 수익을 실현하는 방식이므로 웬만한 하락장에서는 개의치 않고 진행할 수 있습니다.

- 단타매매의 단점

단타매매 실력이 부족하다면 단타매매만큼 손실을 가속화하는 나쁜 매매기법도 없습니다. 자금회전이 빠른 만큼 손익 결과도 빨리 정해지기 때문입니다. 개인마다 기준과 원칙은 다르지만 인간의 본성상 결행하기 쉽지 않은 손절의 중요성이 다른 매매기법보다 훨씬 큽니다.

주로 거래량이 많은 종목이 대상이므로 평균보다 주가가 이미 많이 오른 경우가 많고 상대적으로 고점에서 매수해 하락으로 이어지는 상황을 맞기 쉽습니다. 이런 상황에서 다시 매수가격 이상으로 반등할 것으로 추측해 자신의 기준선에서 벗어났는데도 제때 손절하지 못하면 많은 경우, 엄청난 손실을 떠안고 매도하게 되는데 이런 하타를 몇 번만 맞으면 계좌에 치명적인 타격이 됩니다. 설령 매도하지 않고 갖고 있더라도 그 투입액만큼은 묶여 있어 이후 매매를 할 수 없게 됩니다.

스캘핑(초단타매매)이나 데이 트레이딩은 다른 매매기법에 비해 가장 높은 집중력과 체력을 요구합니다. 매수 후 상대적으로 느긋하게 상승을 기다리는 중·장기 투자와 달리 단타매매에서는 장중 모든 신경과 촉각을 곤두세운 채 시간을 보내며 분 단위나 빠르면 초 단위 실시간으로 각종 상황에 대비해야 하기 때문입니다. 스윙 트레이더를 제외한 대부분의 단타매매 트레이더는 장이 끝나면 온몸을 소금에 절인 듯 매우 지치는 경우가 많고 정신적으로도 상당한 에너지를 소모합니다.

주식, 낙폭과대주
이것만 기억하자

CHAPTER 9

분봉상 낙폭과대주 매매

- 매수 조건

 코스피·코스닥 지수가 상승할 때만 하시는 것이 좋습니다. 즉, 상승장에서 대부분 주식 확률이 높아집니다. 코스피, 코스닥 지수가 하락 추세라면 매매하지 않는 것이 가장 좋은 방법입니다. 매매에 앞서 상승장과 하락장에 대해 알아보겠습니다.

- 이동평균선

 일정 기간의 주가를 순차적으로 산술평균한 것으로 특정 시점에서 시장의 전반적인 주가 흐름을 판단하고 향후 주가 추이를 전망하는 데 사용되는, 주식시장의 대표적인 기술지표 중 하나입니다. 매일매일의 주가 이동평균을 도표로 나타낸 것이 주가 이동평균선인데 일반적으로 6일선과 25일선을 단기, 75일선을 중기, 150일 이상을 장기 이동평균선이라고 부릅니다.

 이동평균선 작성법은 매일매일의 종합주가지수 종가로 산출한 이동 평균값을 선으로 연결하는 것입니다. 예를 들어 어느 날짜의 6일 주가 이동평균은 그날을 포함해 최근 6일간의 종합주가지수 종가를 합산해 6으로 나눈 값입니다. 이 같은 방법으로 매일 산출한 주가 이동평균을 선으로 연결하면 주가 이동평균선이 됩니다. 주가 이동평균선에 의한 주가예측은 이동평균선 자체의 방향성과 현실 주가와 이동평균선과의 괴리도가 이론의 중심이 되고 있습니다.

- 이동평균선의 종류

 단순, 지수, 가중, 기하, 심각 이동평균선이 있습니다. 다른 이동평균선

들보다 보편적으로 많이 사용되고 실전에서 필요한 이동평균선인 단순 이동평균선에 대해서만 알아보겠습니다.

- **단순 이동평균선**
- **5일 이동평균선**

  5일간의 종가를 모두 더해 5로 나눈 점들을 이은 선입니다.

- **20일 이동평균선**

  20일간의 종가를 모두 더해 5로 나눈 점들을 이은 선입니다.

- **60일 이동평균선**

  60일간의 종가를 모두 더해 5로 나눈 점들을 이은 선입니다.

- **120일 이동평균선**

  120일간의 종가를 모두 더해 5로 나눈 점들을 이은 선입니다.

- 단기 이동평균선

  5일선: 일주일 동안의 주가평균

  20일선: 한 달 동안의 주가평균

  5일선, 20일선은 단기 이동평균선으로 단타매매 시 많이 활용되고 있습니다.

- 중기 이동평균선

  60일선: 3개월 동안의 주가평균(한 분기 동안의 주가평균)

- 중·장기 이동평균선

120일선: 6개월 동안의 주가평균으로 두 분기(반기)의 주가평균

120일선은 6개월 동안의 주가평균을 나타낸 지표로 기업의 반기 사이클, 경기 동향, 중·장기 추세를 판단할 때 많이 참고하는 이동평균선입니다.

- 장기 이동평균선

240일선: 1년 동안의 주가평균

240일선은 1년 동안의 주가평균을 나타내는 이동평균선으로 1년 동안의 주가 흐름과 장기적인 주가 흐름을 파악하는 데 사용하는 이동평균입니다.

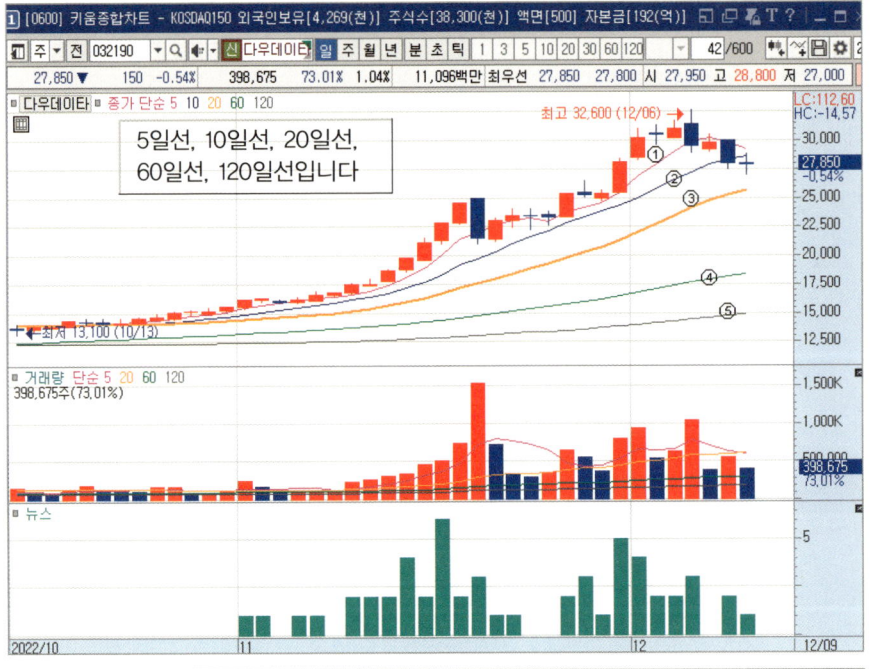

그림 157

– 정배열 및 역배열

이동평균선 배열이 단기 이동평균선이 장기 이동평균선 위에 있으면 정배열이고 장기 이동평균선이 단기 이동평균선 위에 있으면 역배열입니다.

① 이동평균선의 정배열

이동평균선이 5일선 〉 20일선 〉 60일선 〉 120일선으로 배열된 것을 정배열이라고 합니다. 정배열된 종목은 상승 추세라고 합니다.

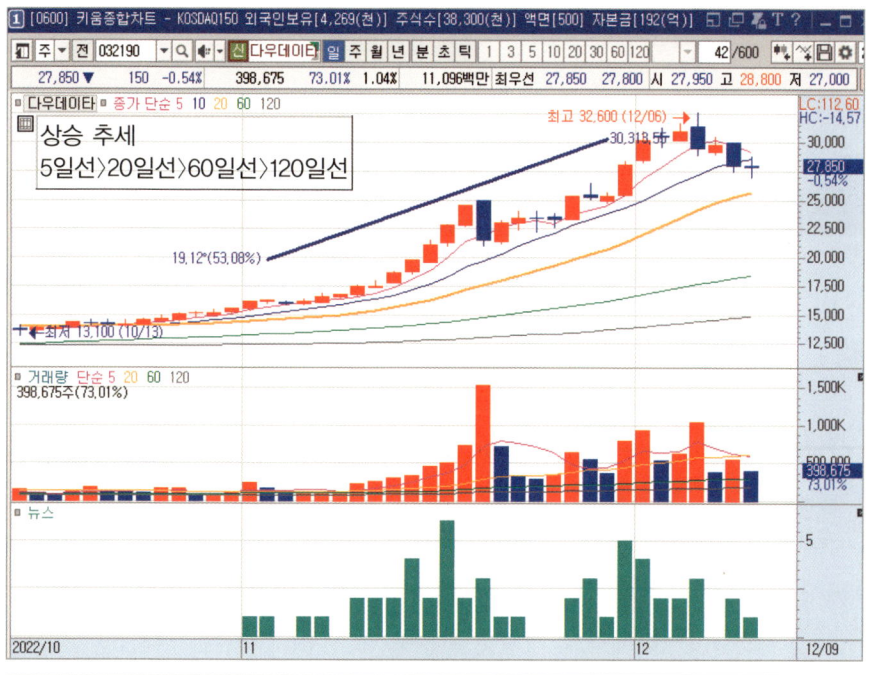

그림 158

② 이동평균선의 역배열

이동평균선이 5일선 〈 20일선 〈 60일선 〈 120일선으로 배열된 것을 역배열이라고 합니다. 역배열 추세는 하락 추세라고 합니다.

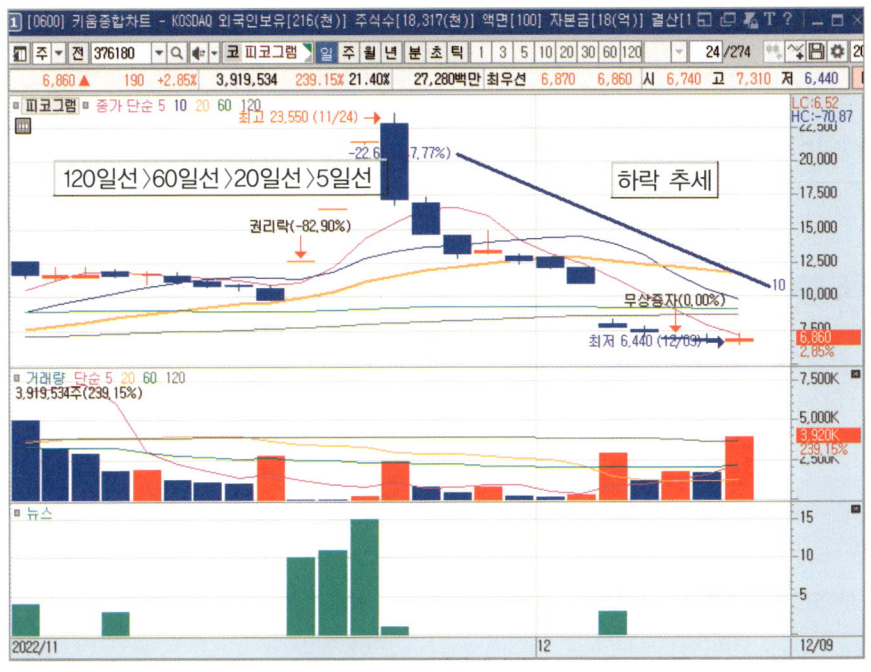

그림 159

20일선과 60일선에 주목하셔야 합니다. 현재 코스피 지수가 20일 이동평균선 위에 있는지, 아래에 있는지에 따라 매매 여부를 결정합니다. 또한, 정배열 상태인지, 역배열 상태인지 확인하신 후 매매하셔야 합니다. 정배열일 때만 매매하시길 권합니다.

CHAPTER 10

분봉상 낙폭과대주(단타) 매매기법

분봉상 낙폭과대주는 보통 음봉 종목이 많이 포착됩니다. 분봉 매매는 당일 저점에서 매수해 고점에서 매도하는 전략이며 주식을 내일의 위험으로부터 리스크를 회피하기 위해 오버나이트하지 않는 것이 원칙입니다. 매매 스타일상 전업, 전문매매, 손절로 잘 대응하시는 분들께 권하는 매매입니다.

- 매수 조건

① 코스피, 코스닥 지수가 정배열일 때만 매매합니다. 코스피, 코스닥이 역배열일 때는 절대로 매매하시면 안 됩니다.
② 정해진 시간 외에는 철저히 매매를 금합니다. 특히 단타매매하시는 분들은 오전 9시~10시 30분 내에 주식 매수·매도가 끝나야 합니다. 오전 10시 이후에는 주식시장 움직임이 둔해지고 횡보하는 시간이기 때문입니다. 주가등락률이 낮을 때 매매해봤자 수익을 내기 힘듭니다.
③ 시가총액이 천억 원 이상인 종목만 매매 대상입니다.
④ 관리주, 우선주, 증100, 4년 연속 영업이익과 당기순이익이 적자인 기업은 매매 대상에서 제외합니다.
⑤ 배임·횡령, 자본잠식, 감사보고서 미제출 등 악재 뉴스가 발생한 기업은 제외합니다.
⑥ 3분봉에서 RSI 보조지표 30 이하일 때 매수합니다.

- 매도 조건

① 매수 후 3% 수익 시 미련 없이 차익실현합니다.
② 3분봉상 RSI 70 근처일 때 매도합니다.

실전 투자 매매

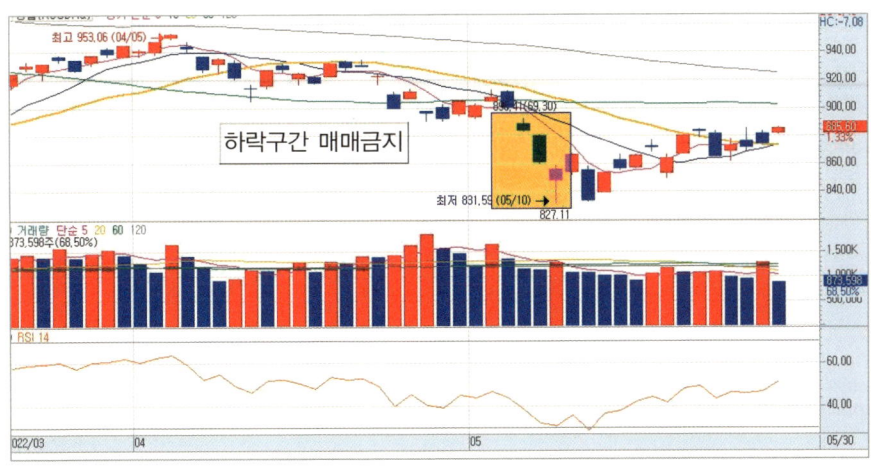

그림 160

    2022년 5월 코스닥 지수가 20일선 아래에 있습니다. 이렇게 하락 추세인 역배열 상태에서는 절대로 매매하시면 안 됩니다. 특히 주식을 매수해 오버나이트하시면 보유하실수록 손실만 커집니다.

- 예시

분봉상 낙폭과대주 실전 투자 사례 1

그림 161

 2022년 5월 30일 HLB제약 3분봉 차트입니다. RSI 30 아래로 내려오고 나서 주가가 빠르게 회복하는 흐름이 나왔습니다. 자세히 보시면 3분봉에서 3분 안에 매수할지 여부를 판단하셔야 수익이 납니다. 매수 후 세 개 양봉이 출현해 3% 수익이 났거나 RSI 70에서 매도합니다. 2022년 5월 30일 단타 매수 종목의 차익실현을 안 하시면 손실로 이어집니다.

 2022년 5월 30일 씨이랩 3분봉상 RSI 30 아래에서 매수 포인트가 포착되어 17,650원 저점을 찍고 바로 상승하는 모습입니다. 매수가격은 17,800원입니다. 매수 시간은 오전 9시 15분~9시 20분경으로 매수 포인트 포착 후 주가가 상승하는 모습입니다.

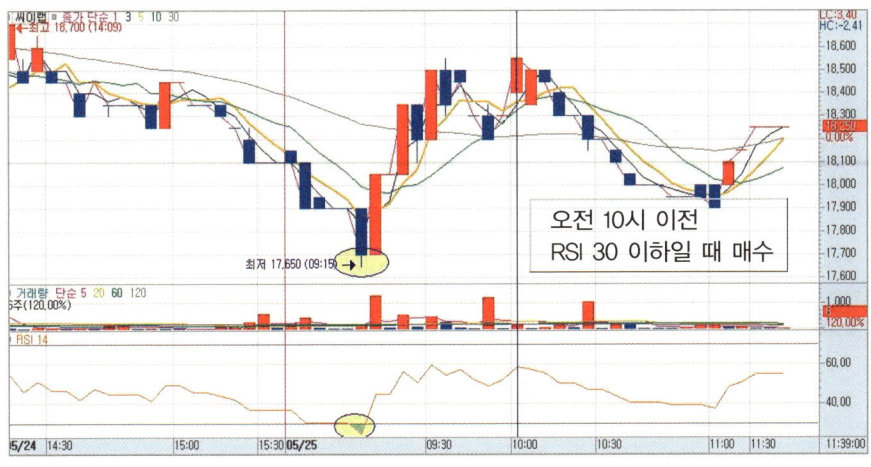

그림 162

    2022년 5월 26일 오전 9시 6분경 주가가 급락해 3분봉상 RSI 30 아래에서 매수 포인트가 포착되어 약 40,000원에 매수될 것으로 판단됩니다. 매수할 기회는 단 6분입니다.

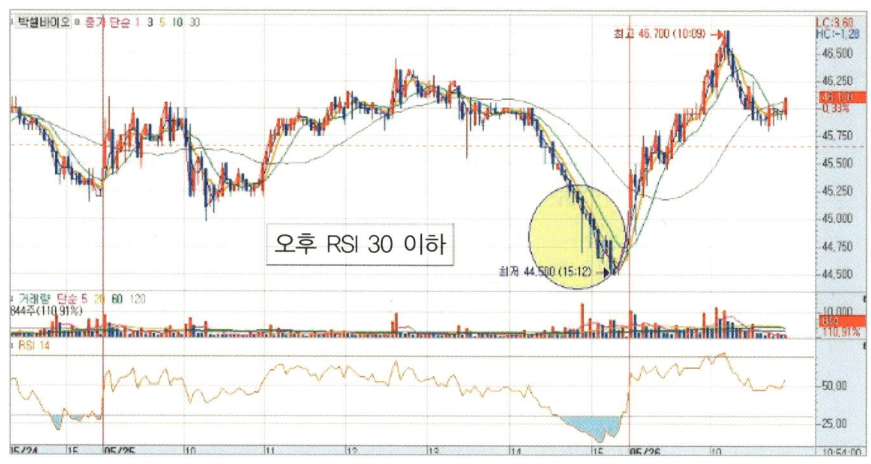

그림 163

2022년 5월 25일 박셀바이오 3분봉 차트입니다. RSI 30 포착시간은 오후 2시 20분경으로 포착가격은 45,000원으로 판단됩니다. 매수 포인트 시간은 오후 2시 20분경으로 매매원칙에 위배됩니다. 오전 9~10시 사이에 매수하지 않고 종가 매수 포인트에 매수하면 급락하는 경우가 많습니다.

🎯 TIP

매수원칙 시간대를 반드시 지키셔야 합니다. 매수원칙을 지키시지 않으면 손절입니다. 오전 9~10시 사이 3분봉 RSI 30 아래에서 매수입니다.

CHAPTER 11

뉴스를 이용한 매매

PART 1

호재 및 악재

HTS상 뉴스를 검색하다 보면 호재·악재 뉴스가 있으며 시장에 맞는 호재를 파악하셔야 합니다.

- 호재 뉴스의 예(무상증자)

준 상한가로 갈 재료를 말합니다. 무상증자, 실적 호전, 흑자전환 등이며 바이오주는 임상 성공, 신기술 개발, 특허 등이 있습니다.

무상증자: 새로 발행하는 신주를 기존 주주에게 무상으로 배정해주는 것입니다. 주주가 무상증자를 받는 경우는 기업이 보유자산을 재평가해 장부가격을 현실가격으로 환산해 장부가액과 재평가액의 차익이 생겼을 경우와 기업의 이익준비금을 자본에 전입하는 경우 및 결산 후 기업이 현금

이 아닌 주식으로 배당하는 경우에 해당합니다. 2022년 7월 무상증자 테마가 형성되면서 상한가의 강력한 재료였습니다.

그림 164

2022년 7월 말 지투파워 주가는 400% 무상증자 발표 후 급등했습니다. 기존 주주에게 1주당 추가로 4주를 더 준다는 공시 이후 10,000원대이던 주가가 급등해 2배 이상 상승했습니다.

2022년 6월 조광ILI는 500% 무상증자 발표 후 2,000원대이던 주가가 약 2.5배 급등했습니다.

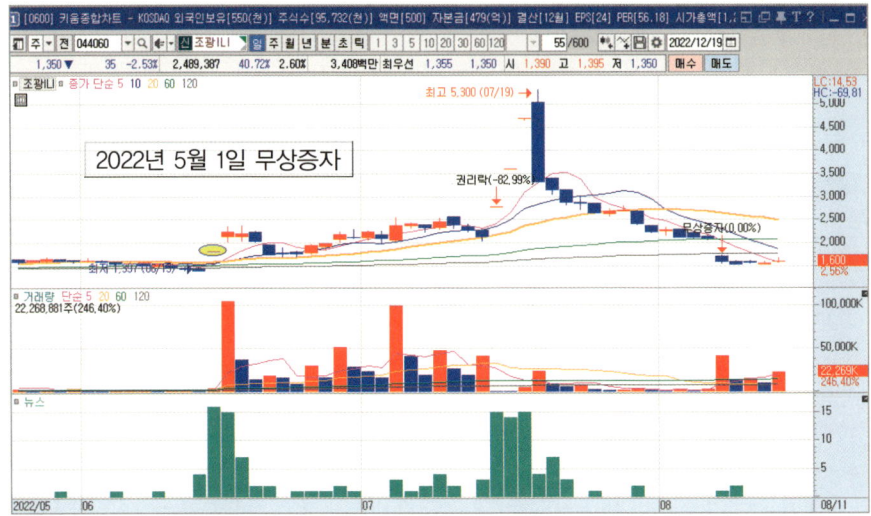

그림 165

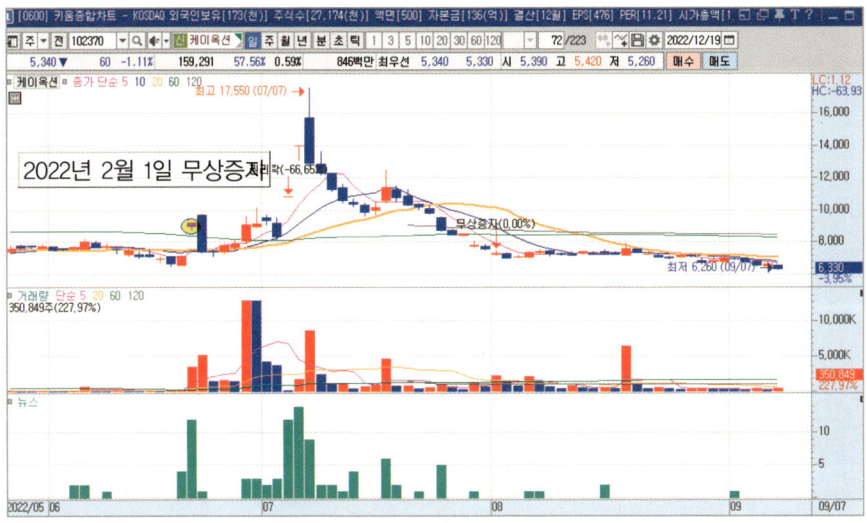

그림 166

2022년 6월 중순 케이옥션은 200% 무상증자에 앞서 조광ILI, 지투파워에 비해 무상증자 재료가 약합니다. 케이옥션은 200%, 조광ILI와 지투파워는 500% 무상증자하기 때문입니다. 여기서 대장주와 후발주의 차이가 나는 겁니다.

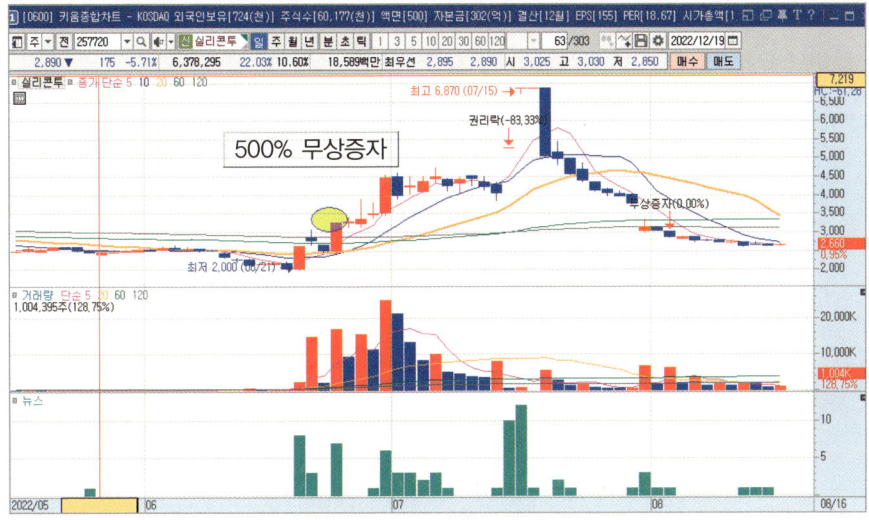

그림 167

2022년 6월 말 실리콘투는 500% 무상증자 발표 후 주가가 급등했습니다. 시간은 지났지만 조광ILI는 2022년 6월 16일, 케이옥션은 2022년 6월 22일, 실리콘투는 2022년 6월 30일, 지투파워는 2022년 7월 27일 무상증자를 발표했습니다.

조광ILI는 무상증자 발표 후 급등했기 때문에 실리콘투, 지투파워도 한 달가량 시간을 두고 무상증자 공시가 나왔습니다. 이런 경우, 공시 발표 후

에도 적극적으로 매수에 가담해야 합니다.

실적 발표 뉴스: 실적 발표는 어닝 시즌에 주가가 움직이는 경향이 많습니다. 실적 관련 뉴스 중에서도 가장 강력한 뉴스는 흑자전환과 사상 최대 실적입니다.

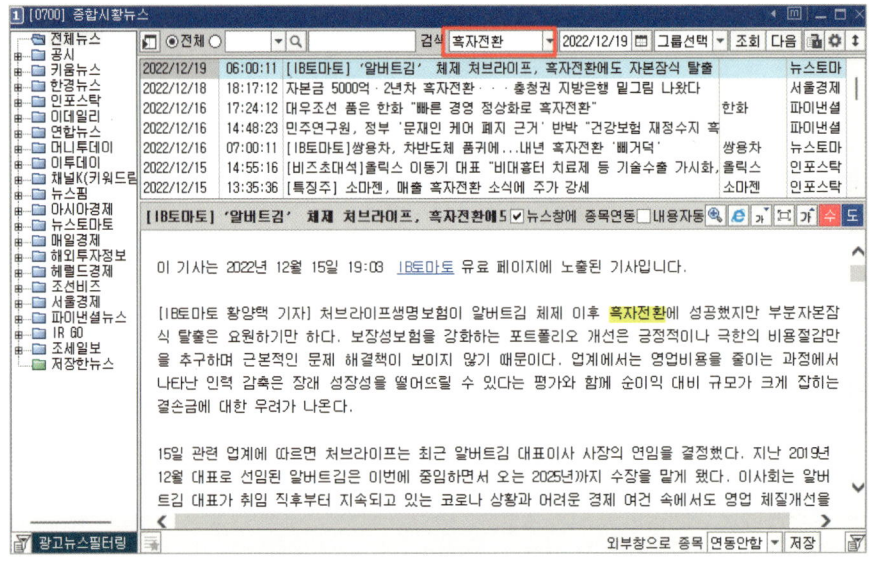

그림 168

키움증권 뉴스 창 '0700'에서 뉴스 검색창에 '흑자전환' 뉴스를 입력해 관련 종목들을 서치한 후 매수·매도 여부를 판단하시면 됩니다.

- 악재 뉴스의 예(유상증자)

　유상증자: 기업에 필요한 자금 확보를 위해 주주를 대상으로 주식을 추가 상장시켜 자본을 늘리는 방법입니다. 유상증자는 그 형태와 방식이 다양합니다. 절차적으로는 우선 해당 회사 이사회의 의결을 거쳐야 합니다. 이사회에서는 발행할 주식 수, 배정 기준일, 청약 일정 등을 정합니다. 유상증자는 모집 대상 기준으로 세 가지로 분류됩니다. 주주에게 신주인수권을 줘 그중에서 새로운 주주를 모집하는 주주 할당, 회사 임원이나 종업원, 거래업체 등 연고 관계자에게 신주인수권을 줘 신주를 인수시키는 제3자 할당, 신주를 널리 일반인들로부터 주주를 모집하는 방법 등이 있습니다. 보통 대기업일수록 공개적으로 주식투자자를 모집하는 일반 배정을 선호합니다. 코스닥 기업의 경우, 전략적인 투자자 영입 차원에서 제3자 배정이 많은 편입니다. 중소기업은 기존 주주에게 배정하는 방식을 선호하기도 합니다.

- 유상증자 모집 형태
  - 주주 배정 방식, 제3자 배정 유상증자, 일반 공모

　유상증자에서 제3자 배정 유상증자는 회사 임원, 종업원, 거래선 등 연고 관계자에게 신주인수권을 줘 신주를 인수시키는 유상증자 방법입니다. 유상증자란 회사가 사업을 영위하는 도중 자금이 필요해 신주를 발행해 주주로부터 자금을 납입받아 자본을 늘리는 것입니다. '제3자 배정'은 유상증자 방법 중 하나로 회사의 특정 연고자(회사 임원, 거래처, 거래은행 등)에게 신주인수권을 부여하는 것입니다. 기업 입장에서는 증자할 때 주관사를 따로 선정하지 않아도 되는 등 주식발행 절차가 간소하고 기존 대주주와 다

수의 소액 주주를 대상으로 하는 일반 공모에 비해 실권(失權)이 발생할 우려가 없어 편리한 자금조달 수단으로 활용되고 있습니다. 또한, 기존 주주를 대상으로 하는 유상증자가 실패할 염려가 있거나 경영권이나 지분을 특정인에게 넘겨주려고 할 때 사용됩니다. 그러나 제3자 배정 유상증자는 회사 경영권 및 기존 주주의 이해관계에 중대한 영향을 미치므로 정관에 특별히 정하거나 주주총회의 특별결의 절차를 거쳐야 하는 등 엄격한 통제를 가하고 있습니다. 제3자 배정 유상증자는 호재가 될 수도, 악재가 될 수도 있습니다. 그러나 실전 투자 매매에서 제3자 방식 유상증자 공시가 나와도 주가에 미치는 영향은 미미합니다.

유상증자 악재 발생 사례

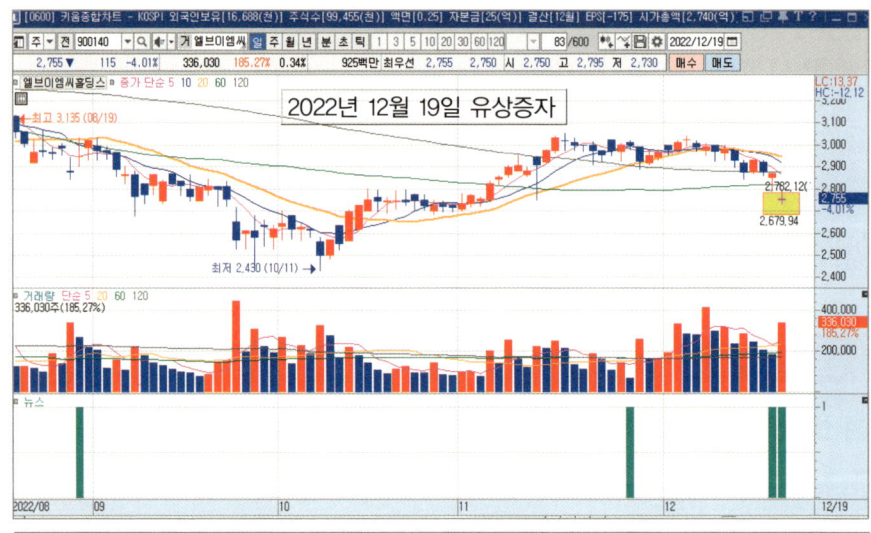

그림 169

2022년 12월 19일 엘브이엠씨홀딩스가 유상증자 발표 후 급락하는 모습입니다. 제3자 배정 유상증자는 주가에 미치는 영향이 미미하므로 유상증자 뉴스가 나와도 신경 쓰지 않으셔도 됩니다.

그림 170

2019년 6월 14일 코이즈는 유상증자 발표 후 시가가 -11%로 시작한 후 장중 저점인 -14%까지 하락했습니다. 유상증자는 단기적으로 악재이면 유상증자 발표 후 주가는 -10% 하락하는 경우가 많습니다. 유상증자 악재를 피하기 위해서는 재무제표상 기말 현금성 자산을 반드시 확인하신 후 매매하시길 권합니다.

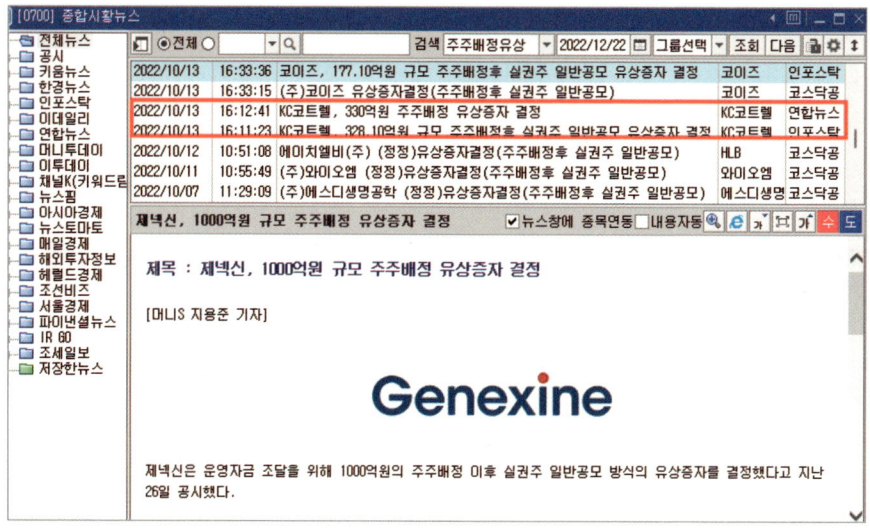

그림 171

　　2022년 10월 13일 KC코트렐은 330억 원 규모의 주주배정 유상증자 결정 공시를 발표했습니다. 시가총액이 350억 원대인 주식을 시가총액만큼 유상증자를 실시한다는 것은 대형 악재입니다.

　　2022년 10월 13일 KC코트렐 유상증자 발표 후 2,200원대이던 주가는 단기 급락해 1,500원대까지 하락했습니다.

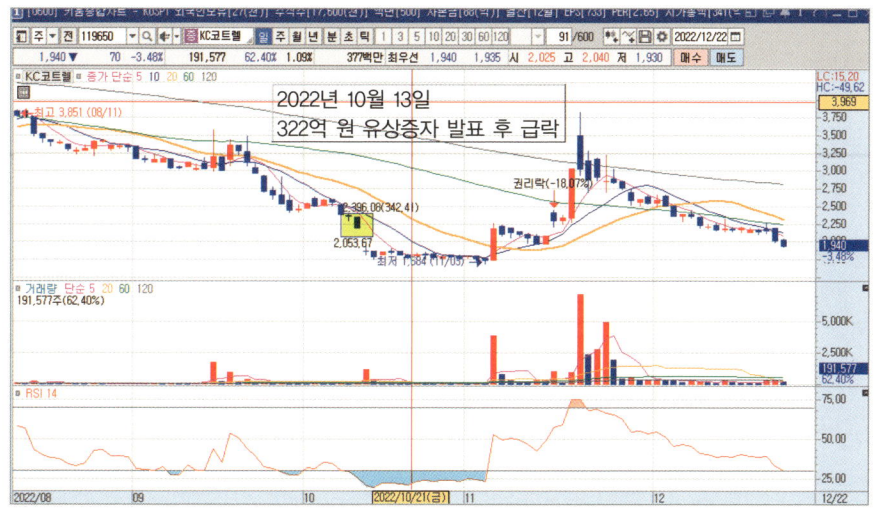

그림 172

그림 173

2022년 9월 27일 제넥신은 천억 원 규모의 주주 배정 유상증자 발표 후 -15%나 급락했습니다. 시가총액이 5천억 원인 회사가 시가총액의 1/5 규모인 천억 원 유상증자 발표는 대형 악재였습니다.

그림 174

2022년 9월 27일 카카오페이는 유상증자 발표 후 5만 원대이던 주가가 32,450원까지 단기 급락했습니다.

키움증권 '0700' 종합시황뉴스에서 2022/08/29 오스코텍, 1,200억 원 규모 주주 배정 유상증자 결정(제3자 유상증자는 악재가 아닙니다.)

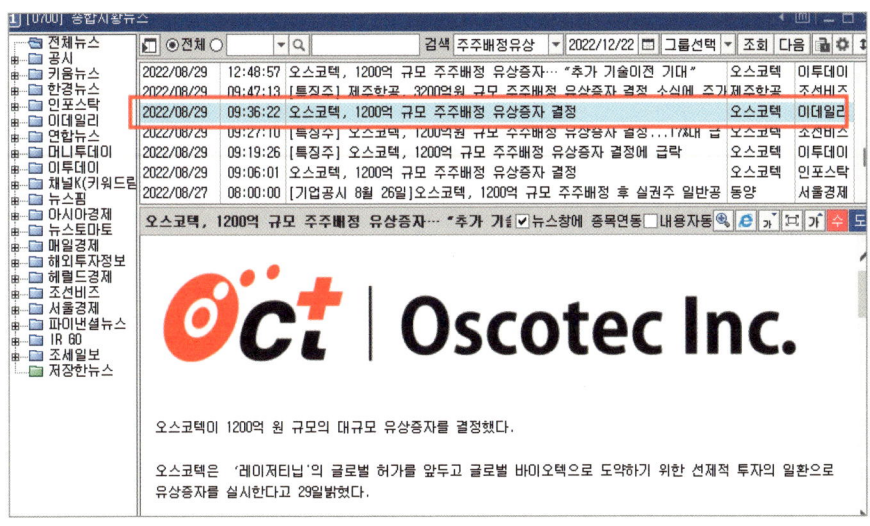

그림 175

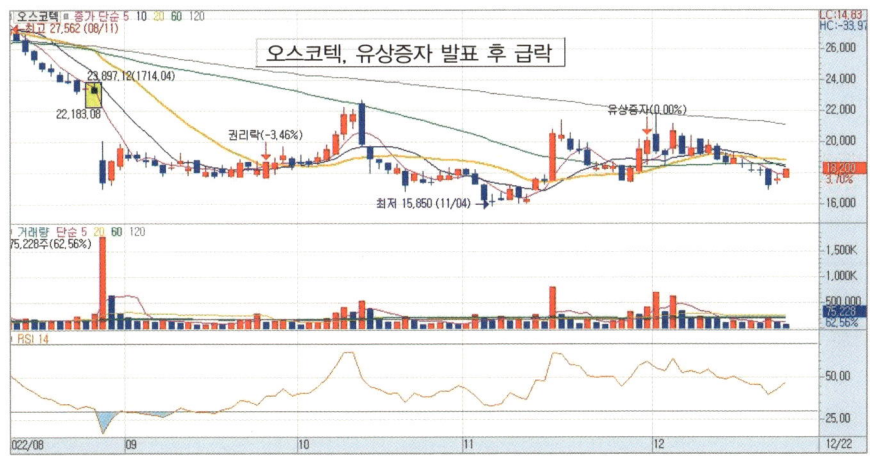

그림 176

2022년 8월 29일 1,200억 원 규모의 주주 배정 유상증자 발표

시가총액이 6,400억 원대인 오스코텍은 1,200억 원 규모의 유상증자 발표 후 주가가 -25%나 급락했습니다.

주가 가치가 희석되므로 단기적으로는 악재이지만 유상증자 발표 후 주가는 횡보하거나 중·장기 저점을 형성하는 경우가 많습니다. 시가총액은 $\frac{1}{5}$ 이내 주주 배정 유상증자 악재가 나오면 단기적으로 매매 관점에서 대응하시길 바랍니다. 유상증자 악재가 나온 위 종목 중 카카오페이만 중·장기적으로 하락했고 나머지 종목들은 모두 상승했습니다.

- 뉴스매매는 현 시장에서 급등하는 뉴스

2022년 12월 10일 중국 제로 코로나 정책으로 인해 해열제 관련주, 제약주, 리오프닝 관련주, 코로나 백신 치료제·음압병실 관련주가 상승할 수 있습니다. 최근 강한 재료 뉴스가 나온 종목을 보시고 다음 순환매 테마를 생각하셔야 합니다.

CHAPTER 12

외국인 및 기관의 매매 동향 확인하기

주식투자자는 수급 동향을 중시하므로 장중 수급 동향을 파악해 관심주, 보유 주식을 외국인·기관이 매수하는지를 파악하려고 합니다.

관심주, 보유 주식, 외국인·기관 매수가 실시간으로 들어온다고 수급이 들어오는 주식이 무조건 수익이 나는 것은 아닙니다. 그보다 중요한 것은 현재 시장 흐름입니다.

지수가 역배열 상태면 수급이 아무리 좋은 종목이라도 지수의 영향을 받습니다. 특히 우량주 지수 관련주는 수급보다 지수의 영향을 더 받는다는 점을 명심하시고 투자하시길 바랍니다. 주식시장의 상승장, 횡보장에서는 수급매매를 하시길 권합니다. 상승장에서 우량주, 중·소형주와 상관없이 수급매매가 가능하지만 횡보장에서는 지수가 박스권에 있으므로 중·소형주, 테마주에서 수급이 들어오는 종목을 매매하시길 바랍니다.

- 우리투자증권 회원가입

그림 177

① 네이버 사이트에서 우리투자증권을 검색합니다.

그림 178

　　NH투자증권 사이트에서 우측 상단 로그인을 클릭하세요. 회원가입이 안 되신 분들은 NH투자증권 계좌개설을 하실 필요 없이 사이트 내에서 계좌 미보유 고객으로 준회원으로 가입하시면 됩니다. NH투자증권 사이트 우측 하단 '채널 다운로드'에서 QV HTS를 클릭합니다.

- HTS 설치하기

그림 179

② NH투자증권 로그인하기

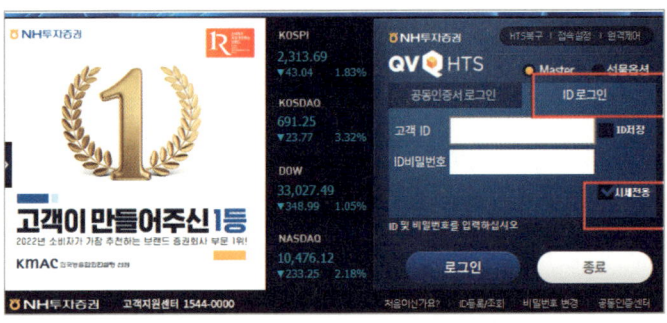

그림 180

NH투자증권 실행 후 ID 로그인 탭에서 고객 ID, ID 비밀번호 입력 후 시세전용을 체크하시고 HTS를 로그인하시면 됩니다.

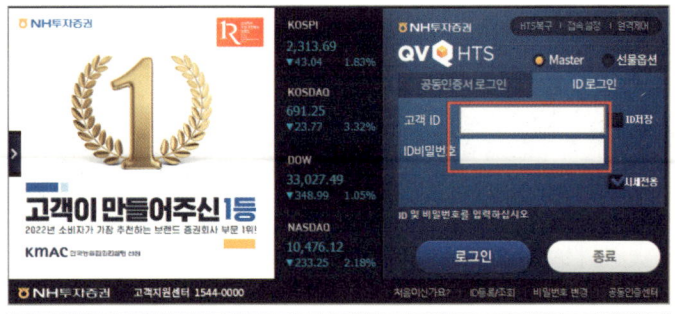

그림 181

NH투자증권 설치 후 초기 화면입니다. QVQ HTS 설치 후 ID 로그인 선택, 시세전용 선택 후 로그인하시길 바랍니다.

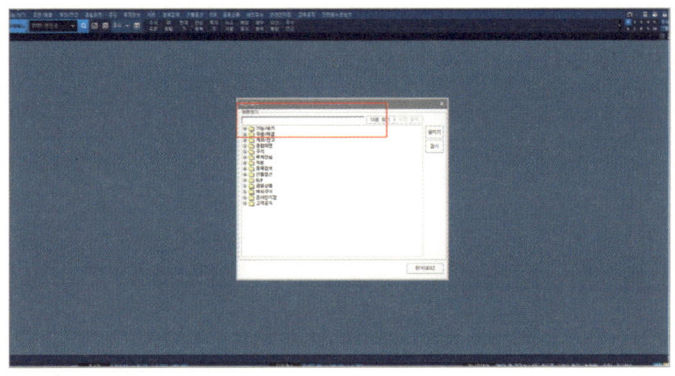

그림 182

NH투자증권 HTS 로그인 후 모습입니다.

- 외국인 및 기관의 매매 동향 속보 시간별로 분석하기

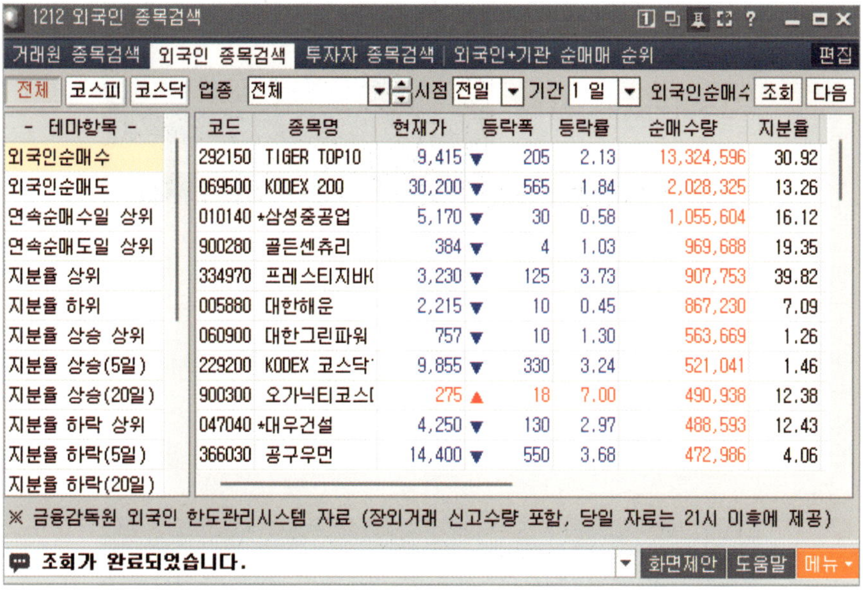

그림 183

    HTS 좌측 상단에 '1212' 번호 입력 후 외국인 종목검색 창을 실행합니다.

    외국인 종목 검색창 위쪽의 외국인 종목검색 탭에서 전일을 당일로 수정하시면 됩니다. 현재 외국인들이 매수하는 종목군을 한눈에 볼 수 있습니다. 여기서 외국인들이 매수하는 종목 중 중·소형주에서 국내사 창구를 이용해 매수세가 들어오는 종목을 잘 살펴보셔야 합니다.

그림 184

그림 185

HTS 좌측 상단 1214 외국인+기관 순매매 순위에서 상위 종목을 검색하실 수 있습니다. 실시간 매수하는 종목이 포착되는 것이므로 당일 수급을 확인하실 수 있습니다. 에프로젠, 삼성중공업, 두산에너빌리, 한국전력, 팬오션, 한화생명, 기업은행 등이 검색됩니다. 외국인+기관이 가장 많이 순매매한 수량을 관심 있게 볼 것인가, 아니면 외국인+기관이 가장 많이 순매매한 금액을 볼 것인가?

　　필자는 이 두 가지보다 시가총액이 가장 낮으면서 외국인+기관 매매가 들어오는 종목을 더 관심 있게 지켜봅니다. 그 이유는 시가총액이 높은 종목은 외국인+기관 매매가 많이 들어오더라도 지수가 하락 중이면 상승하기 어렵고 지수가 상승하더라도 큰 폭으로 상승하기 어렵기 때문입니다. 시장상승률 대비 수익이 더 많이 날 수 있는, 시가총액이 낮은 종목을 유심히 잘 살펴보셔야 합니다.

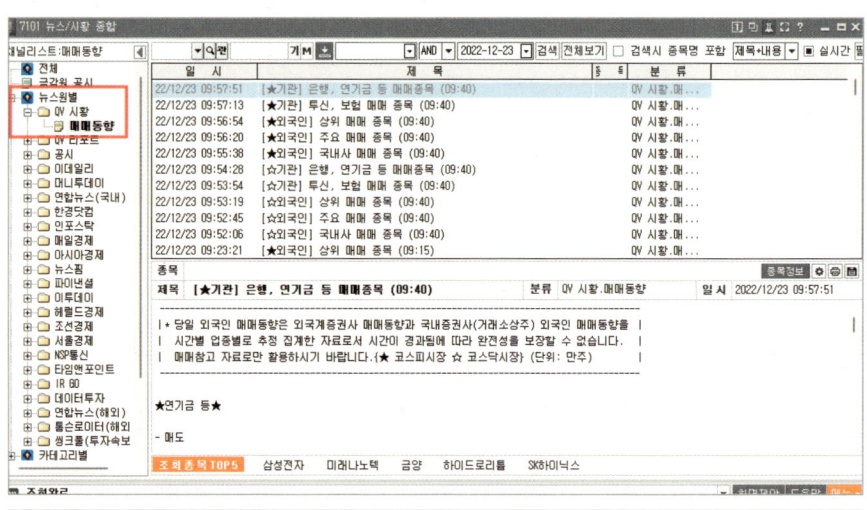

그림 186

NH투자증권 창에서 '7101' 입력 후 뉴스/시황종합에서 왼쪽 뉴스원별〉 QV 시황 탭에서 매매 동향을 클릭하시면 당일 9시 20분 매매 동향을 제공합니다. 오전 11시, 오후 1시, 오후 2시 20분 매매 동향도 제공합니다.

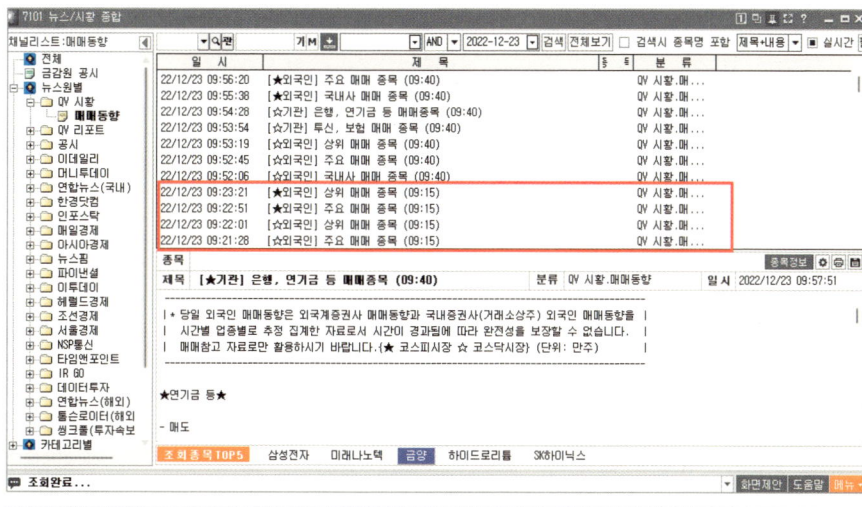

그림 187

NH투자증권에서 7101 뉴스/시황종합입니다. 이 데이터는 한국거래소에서 실시간으로 제공하는 수급 자료입니다. 오전 9시 15분 코스닥 외국인 주요 매매 종목, 코스피 외국인 주요 매매 종목, 코스피 외국인 실시간 상위 매매 종목과 수량 자료를 제공합니다. 외국인 매수는 국내사 창구를 이용해 매수하는 종목을 잘 살펴보셔야 합니다.

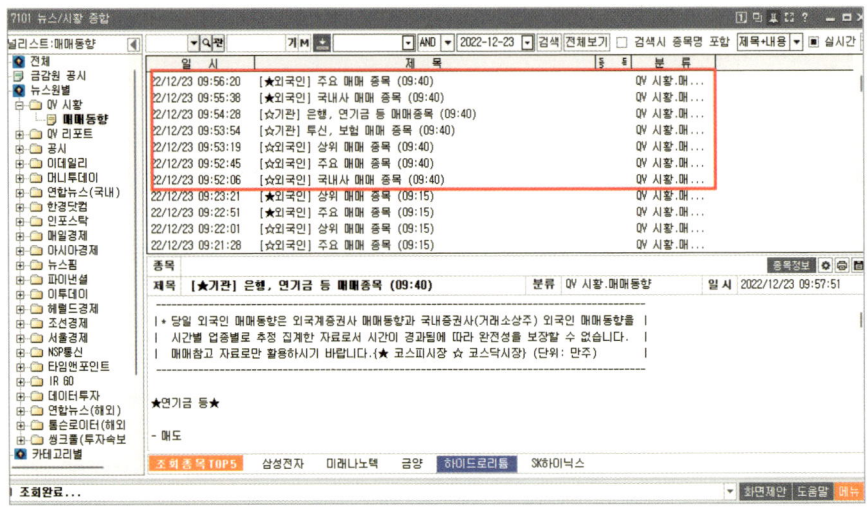

그림 188

　오전 9시 50분 코스닥 외국인 국내사 매매 종목은 외국인들이 국내사 매수 창구를 이용해 매수하는 것입니다. 보통 수급 동향을 보고 외국인이 매수하는지 여부는 포착되지 않습니다. 국내 증권사 계좌를 이용해 매매하므로 외국인 투자자 입장에서는 일반 개인투자자들이 외국인이 지금 매수 중인지 파악하기 힘들고 개인들이 외국인 매수 여부를 파악하지 못하므로 주가가 오르기 전에 조용히 매수할 수 있습니다.

　당일 실시간 수급 동향 확인 시 유의 사항

　우선순위입니다. 지수가 상승하고 있어야 하며 외국인+기관 매매가 동시에 들어오는 양 매수 종목이 더 강하고 상승 탄력도 좋습니다. 시가총액이 낮을수록 지수의 영향을 덜 받으므로 상승할 때 상승 탄력이 좋습니다. 외국인 매수 종목은 외국계 증권사 창구로 매수세가 들어오는 종목보다 국내사 창구로 매수세가 들어오거나 시가총액이 낮은 종목을 선정해 매매하시길 권합니다.

CHAPTER 13

환율과 주식의 관계

용어정리

- 환율: 자국 화폐와 외국 화폐의 교환 비율로 외국환 시장에서 결정됩니다.
- 환차익: 환율 변동으로 발생하는 이익입니다. 환율이 오르면 수출기업이 이익을 보고 환율이 내리면 수입기업이 이익을 봅니다.
- 환차손: 환율 변동으로 발생하는 손실입니다. 환율이 오르면 수입기업이 손실을 보고 환율이 내리면 수출기업이 손실을 봅니다.
- 기준환율: 외환시세에서 한 국가 통화와의 관계가 다른 외환시세의 기준이 되는 환율입니다. 일반적으로 미국 달러화를 기준으로 세계 각국 통화와의 환율을 계산합니다.

- 환율의 결정과 변동

환율은 외환시장에서 외환에 대한 수요와 공급으로 결정됩니다.

- 외환 수요

외환 수요는 외환이 해외로 나가는 것으로 수입, 자국민의 해외여행, 해외 투자, 유학, 외채 상환 시 발생합니다.

- 외환 공급

외환 공급은 외환이 국내로 들어오는 것으로 수출, 외국인 관광객 유치, 외국인의 국내 투자, 차관 도입 시 발생합니다.

- 환율 상승

외환 수요가 증가하면 환율이 상승하고 원화 가치가 하락합니다.

- 환율 상승 요인

• 미국의 기준금리 인상

기준금리가 1%에서 4%로 상승하며 시중에 풀렸던 유동성 자금이 금리가 높은 은행 예금·적금 등의 안전자산으로 이동합니다. 위험자산인 부동산, 주식(주식시장의 예탁금 감소), 코인 등에서 자금이 빠져나갑니다. 금리 인상으로 인해 안전자산, 미국 국채, 금, 예금·적금으로 투자자들의 돈이 몰립니다. 미국이 기준금리를 인상하면 시장통화량이 감소하고 달러 가치가 상승해 환율이 상승합니다. 환율이 상승하면 금융시장이 불안정해지며 수입물가 상승에 따른 인플레이션이 촉발됩니다. 또한, 국내시장에서 외국인 투자자금이 이탈합니다. 강달러 지속으로 원화 가치가 하락하면 해외에서 수출기업의 가격경쟁력이 생기는 장점도 있습니다.

- 환율 하락

외환 공급이 증가하면 환율이 하락하고 원화 가치가 상승합니다.

• 환율 하락의 요인

미국이 기준금리를 인하하면 시장에 없던 유동성이 많이 풀리고 가계·기업은 저금리를 바탕으로 신규 투자 증설, 부동산, 주식, 코인 등 시중금리보다 높은 수익을 위해 위험자산으로 투자금이 늘어납니다. 이렇게 늘어난 유동성은 기업의 신규 투자를 늘려 경기 성장에 대한 기대감이 생깁니다. 환율이 하락하면 수입물가 하락에 따른 인플레이션 완화효과가 생기고 국내시장으로 외국계 자금이 유입됩니다.

- 환율 변동이 미치는 영향

(1) 환율 상승의 영향

① 경상수지환율이 상승하면 수출이 증가하고 수입과 자국민의 해외여행이 감소해 경상수지가 개선됩니다.
② 국내 물가환율이 상승하면 수입 원자재 가격이 올라 생산비용이 증가해 물가가 상승합니다.
③ 외채상환환율이 상승하면 외채상환 부담이 증가합니다.
④ 국내 경기 변화 환율이 상승하면 수출 증가에 따라 국내 기업의 생산과 고용이 증가해 경기가 활성화됩니다.

(2) 환율 하락의 영향

① 경상수지환율이 하락하면 수출이 감소하고 수입과 자국민의 해외여행이 증가해 경상수지가 악화됩니다.
② 국내 물가환율이 하락하면 수입 원자재 가격이 하락해 생산비용이 감소해 물가가 안정됩니다.
③ 외채상환환율이 하락하면 외채상환 부담이 감소합니다.
④ 국내 경기 변화 환율이 하락하면 수입 증가에 따라 국내 기업의 생산과 고용이 위축되어 경제성장을 저해합니다.

- 환율과 주가

환율이 상승하면 주가는 어떻게 될까요?

① 수출기업의 가격경쟁력 증대로 인한 환율효과에 따른 수출 증가
  - 반도체, 자동차 업종 수혜
② 환율이 상승하면 수입물가 상승으로 인플레이션이 상승하고 외국인 자본 유출에 따른 증시에서의 자본 유출 가능성이 커집니다.

환율이 하락하면 주가는 어떻게 될까요?
① 수출기업의 가격경쟁력이 하락해 환율 하락에 따른 수출기업의 가격경쟁력이 둔화됩니다.
② 환율이 하락하면 수입물가 하락으로 인플레이션이 둔화되고 외국인 자본 유입에 따라 증시에는 호재입니다.

결론

환율과 주가는 반비례 관계입니다. 환율이 상승하면 코스피 시장에는 악재로 작용하는 경우가 많습니다. 반대로 환율이 하락하면 증시에 호재로 작용하는 경우가 많습니다. 환율이 고점이면 주가는 저점이 형성되고 환율이 저점이면 주가는 고점이 형성됩니다. 앞으로 원/달러 환율이 1,400원 이상으로 오르면 주가는 급락하겠지만 장기적으로 주가가 저점을 형성할 가능성이 큽니다.

주식, 낙폭과대주
이것만 기억하자

CHAPTER 14

2023년 유망업종

PART 1

게임주

다음은 이베스트증권의 게임주 전망입니다.
(1) 더블유게임즈, 엔씨소프트 두 종목만 소폭 상향 조정
(2) NAVER, 카카오, 크래프톤, NHN, 웹젠 등은 8~10% 하향 조정
(3) 카카오게임즈, 펄어비스 등은 10%대 하향 조정
(4) 넷마블, 컴투스 등은 하향 조정폭이 매우 컸고 2022년 3분기 실적 전망치는 물론 분기별로는 2022년 4분기 이후 전망치, 연도별로는 2022년 이후 전망치까지 모두 소폭 상향된 종목은 더블유게임즈가 유일했고 나머지 10개 종목 모두 2022년 4분기 이후 전망치와 2022년 이후 전망치 모두 하향 조정되었습니다.

2022년 3분기 연결영업이익 발표 현황 및 2023년 연결영업이익 컨센서스 전망치 변경

2022년 3분기 발표 현황: 2개 초과, 2개 부합, 나머지 7개 모두 미달

2022년 3분기 연결영업이익 가결산 발표치는 10월 Preview 기간 업데이트된 컨센서스 전망치 대비

(1) 펄어비스, 엔씨소프트 두 종목은 상당 수준 초과

(2) NAVER, 더블유게임즈 등은 부합(소폭 초과)

(3) 카카오, 크래프톤, 웹젠 등은 10%대 미달

(4) 넷마블, 컴투스, NHN, 카카오게임즈 등은 대폭 미달

2023년 컨센서스 전망치 변경: 1개 상향, 1개 유지, 나머지 9개 모두 하향 조정

2022년 3분기 실적 발표 이후 2023년 연결영업이익 컨센서스 전망치는 10월 Preview 기간 업데이트된 컨센서스 전망치 대비 엔씨소프트만 소폭 상향되었고 더블유게임즈는 유지되었고 NAVER, 크래프톤은 한 자릿수대 하향되었고 웹젠, 컴투스, NHN, 카카오게임즈, 카카오 등은 10%대 하향되었고 넷마블, 펄어비스는 대폭 하향되었습니다. 펄어비스의 경우, 2022년 3분기 실적은 컨센서스를 초과했지만 '붉은 사막' PC/콘솔 글로벌 론칭 일정의 사실상 연기로 2023년 이후 전망치가 대폭 하향되었습니다. 엔씨소프트의 경우, 2022년 4분기 실적 컨센서스 대비 초과로 2023년 이후 전망치는 상향되었지만 2023년 2분기 론칭 예정인 [TL]의 과금 방식에 대한 업데이트가 반영되지 못한 상황입니다. 주가는 2022년 2분기 발표 후 4차 대조정을 겪고 2022년 3분기 발표 직전부터 반등하는 추세입니다.

2022년 게임주 내에서 엔씨소프트만 연결영업이익 컨센서스가 상향되면 2022년 12월 12일까지 급등하는 모습이 나왔습니다. 게임업종에 대한 증권사들의 의견은 대부분 부정적입니다. 영업이익이 부진하면 주가는 하

락하는 경우가 많습니다. 주가에 이미 반영되었기 때문에 게임주는 새로운 모멘텀을 계기로 테마가 형성될 가능성이 큽니다.

2023년 중국의 한한령 완화 기대감에 따른 게임주의 테마 형성 가능성은 있습니다. 주가는 현재 영업이익이나 실적 모두 부진하더라도 미래의 꿈, 성장성에 대한 기대감이 주가에 선반영됩니다.

중국에서는 지난 2017년부터 한국 연예인이 출연한 드라마, 영화, 게임 등의 콘텐츠 수입을 막는 한한령이 지속되어 왔습니다. 사드(THAAD: 고고도 미사일 방어체계) 배치 논란에 따른 한국에 대한 보복 조치입니다. 한한령 이후 국내 게임사는 중국 시장 진출에 난항을 겪었습니다. 중국 내 게임 서비스 허가권인 판호 발급이 제대로 이뤄지지 않았기 때문입니다. 7년 만에 한한령 제재 완화 기대감에 중국 시장 판호를 가진 게임주들의 현재 실적은 좋지 않지만 추가 상승 가능성은 큽니다.

"넥슨의 경우, 던전앤파이터 모바일은 판호까지 발급받은 상태에서 출시 직전 중단되었다가 2년 이상 재개되지 못한 상황이었지만 다시 기대감을 높일 환경이 조성되고 있다."라며 "중국 내 미성년자 게임 중독이 완화되었다는 지표도 지난달 발표되어 수혜가 기대되고 넷마블을 비롯한 몇몇 회사는 지식재산권(IP)을 기반으로 한 내자 판호(중국 내 게임에 부여하는)가 승인되었다."라고 기대감을 나타냈습니다.

결론

현재 게임주 내에서 실적이 좋은 종목을 사는 것이 아니라 중국 판호를 보유한 기업 중 실적이 개선될 기업에 투자해야 합니다.

게임 서비스 허가권 '판호' 빗장 풀리나
"정부 정책의 영역인 만큼 과도한 기대는 금물"

입력 2022.12.13 14:41

한중 정상회담을 계기로 중국이 6년 만에 한국 영화 온라인 동영상 서비스(OTT)를 재개하면서 위믹스 사태를 비롯 연이은 악재로 신음하던 게임주에도 온기가 퍼지는 것이란 기대가 나오고 있다. 중국의 한한령(限韓令·한류 콘텐츠 금지령)이 완화되면 국내 게임사들도 수혜를 입을 것이란 이유에서다.

지스타 2022서 개최된 칼리스토 프로토콜 침착맨 무대 이벤트 현장./ 크래프톤 제공

13일 한국거래소에 따르면 펄어비스(44,750원 ▼ 1,550 -3.35%)는 3거래일간(12월 8일~12일 종가 기준) 6.5% 상승했다. 같은 기간 데브시스터즈(48,250원 ▼ 3,150 -

그림 189

PART 2

통신업종(5G)

통신장비 업종 투자전략

2020년 삼성전자의 버라이즌 수주 이후 통신장비 업종 주가는 2년간 하락세였습니다. 대규모 수주 부재와 업종 전반의 실적 부진에 기인했습니다. 2023년 통신장비 업종은 추세적 하락을 끝내고 상승 반전할 전망입니다.

2019년 국내 통신장비 투자 사이클과 2020년 북미향 수주 기대감이 형성되는 시기에 주가는 강력한 상승을 기록했고 과거 사례를 볼 때 통신장비 업종은 '실적 업사이클 초입 구간', '수주 기대감'이 형성되는 구간에 아웃퍼폼했습니다.

2023년 인도향 수주와 북미 투자 재개, 본격적인 인도 투자가 전망되며 업종 상승 요건이 갖춰지는 시기로 판단됩니다.

상승 반전 구간에서 삼성전자 직납업체 중심의 투자전략을 제시합니다. 삼성전자는 인도 1위, 2위 통신사업자 벤더사로 인도 5G 투자 수혜가 가능합니다. 북미 5G 투자 재개가 기대되는 점도 긍정적입니다. 삼성전자 통신장비 벤더사들은 북미, 인도 시장 호조에 따른 낙수효과를 누릴 전망입니다.

• **2023년 본격적인 인도 투자**

2022년 8월 인도 5G 주파수 경매 종료 후 10월부터 5G 투자를 시작해 2023년 본격적인 투자가 전망됩니다. 1위 사업자 릴라이언스 지오는 선제적인 4G 투자로 4위 통신사에서 1위 통신사로 성장했습니다. 4G 투자 당시 삼성전자가 지오의 단일 벤더사로 네트워크 장비를 공급했던 실적을 살려 5G 투자에서도 삼성전자의 높은 점유율을 기대합니다.

인도 5G 투자는 글로벌 5G 기지국 구축 1위인 중국과 비슷한 방향으로 전개될 가능성이 큽니다. 네트워크망 투자는 인구와 밀접한 관련이 있습니다.

• **인도는 2023년 중국을 넘어 글로벌 인구 1위 국가가 될 전망**

인도는 2022~2024년 높은 경제성장률이 전망되고 탈중국으로 인한 해외 기업 유치가 가속화되는 점도 5G 투자 가속화의 근거입니다. 인도 1위 통신사업자 지오와 2위 에어텔 벤더사로 선정된 삼성전자의 수혜가 기대됩니다.

- **북미 투자 재개, 고객사 다각화, 국내 통신사 품질경쟁이 만드는 2023년 실적 턴어라운드**

2023년 통신장비 업종 전반의 실적 턴어라운드의 근거로 '북미 투자 재개, 고객사 다각화, 국내 통신사 품질경쟁'을 제시합니다. 2023년 북미투자 확대가 기대됩니다. 2022년 투자 발목을 잡은 반도체 수급난, 항공사와 주파수 충돌 등의 리스크 해소, 2023년 기지국 신버전 출시에 따른 투자 가속화가 기대됩니다.

삼성전자 네트워크사업부는 2021~2022년 인도, 캐나다, 미국 등에 있는 다수의 신규 고객사 영업에 성공해 2023년 해당 고객사의 실적 반영이 본격화될 전망입니다. 미국 디시 네트워크와 인도 에어텔 벤더사 진입은 유의미한 실적개선을 가져올 것입니다.

- **LGU$^+$ 주파수 추가 할당 후 SKT 주파수 추가 신청**

C-Band 주파수 대역폭 확대와 기지국 전환을 통한 통신사 간 품질경쟁이 시작되었습니다. 대규모 투자 이후에도 지속적인 보완투자의 필요성을 방증한 사례입니다.

- **2023년 통신장비 업종 관심 필요**

다음 내용은 대신증권 보고서를 참조했습니다.

2019년 국내 투자 사이클에서 KMW는 10배 가까운 상승을 보였고 2020년 미국 투자 사이클에서는 에이스테크가 10배 가까운 상승을 기록했습니다. 반대로 업종이 다운사이클로 접어든 후 두 종목 모두 고점 대비 -80%에 가까운 수익률을 기록했습니다. 업종의 사이클 방향성을 읽는 데 따라 수익률 희비가 극명하게 엇갈리는 업종입니다.

2020년 이후 이어진 실적 부진에 대부분의 투자자는 통신장비 업종의 실적 개선에 확신이 없는 상황입니다. 다만, 업사이클은 불신이 확신으로 변하기 시작하는 구간에서 시작됩니다.

• 2023년 통신장비 업종의 2년 만의 업사이클 전망

2020년 하반기 삼성전자의 버라이즌향 수주 이후 통신장비 업종 주가는 2년 넘게 하락세를 이어가고 있습니다. 2021년 기대 이하의 북미향 수주와 코로나19로 인한 CAPEX 지연에 이어 2022년 반도체 수급난과 항공사와 주파수 충돌 등의 악재가 발생하며 업종 전반에서 기대 이하의 실적을 기록했습니다. 2022년 1분기 버라이즌향 물량이 정상화되는 모습을 보였지만 이후 투자가 다시 지연되면서 저조한 실적을 기록했습니다.

• 2023년 실적 개선, 수주 모멘텀 기대

4G 투자 당시를 복기해보면 투자 시작 1~2년 사이 공격적인 CAPEX가 집행되었지만 5G 투자 속도는 상대적으로 더딘 모습을 보였습니다. 이는 5G 인프라 투자 필요성에 의문을 던졌고 부품사 실적 턴어라운드에 대한 불확실성이 확대되었습니다. 2023년부터 통신장비 업종 전반에서 유의미한 실적 개선이 시작될 것으로 전망됩니다. 인도 5G 투자 규모는 북미투자 이후 최대 규모가 예상됩니다. 통신장비 업종 주가는 실적 턴어라운드와 수주 모멘텀에 기인해 2년간의 하락을 끝내고 상승 전환할 것으로 전망됩니다.

업체는 삼성전자, 에릭슨, 노키아와 같은 대형 SI사(System Integration) 납품을 중심으로 한 기지국 부품 제조업체와 통신사 직납(중계기, 스몰셀 등) 중심 업체로 구분할 수 있습니다. 통신사는 통신 인프라 투자를 시작할 때 대형 SI사에게 기지국 등 네트워크 시스템 구축에 필요한 메인 장비를 발주합니다. 대형 SI사를 통한 기지국 구축이 선행되고 그 후 중계기, 스몰셀 등의 제품을 발주하므로 두 업체 간 실적 발생에 시차가 생깁니다. 통신장비 업체 중 2022년 호실적을 기록한 종목은 대부분 통신사 직납업체이지만 당사는 2023년 실적 턴어라운드가 기대되는 삼성전자 직납업체의 투자 매력도가 높은 것으로 판단됩니다.

글로벌 5G 투자는 향후 3년 이상 지속적으로 집행될 전망이지만 인도 이후 단일 국가에 대한 대규모 투자는 부재할 전망입니다. 삼성전자는 인도 4G 투자 당시부터 우호적인 관계를 이어오고 있으며 이번 5G 투자에도 기존 고객사(지오) 투자 확대와 신규 고객사(에어텔) 확보에 힘입어 높은 점유율이 가능할 전망입니다. 같은 궤로 인도 투자가 본격화되는 2023년부터 삼성전자 직납업체의 전반적인 실적 개선이 기대됩니다. 2019년(국내 투자), 2020년(미국 투자) 통신장비 주가 업사이클 사례를 기반으로 실적 업사이클 초입 구간이자 인도향 수주 기대감이 존재하는 2023년 상반기 통신장비 업종의 세 번째 업사이클을 전망합니다.

인도 주파수 경매 종료에 따른 5G 투자 본격화

- **인도 주파수 경매 종료**

2020년 9월 버라이즌향 수주 이후 최대 규모의 수주가 기대됩니다.

2022년 8월 1일 인도 5G 주파수 경매가 종료되었습니다. 주파수 경매는 약 190억 달러 규모였고 릴라이언스 지오, 에어텔, 보다폰 순으로 주파수를 할당받았습니다. 릴라이언스 지오는 2023년 말까지, 에어텔은 2024년 1분기까지 전국망 구축을 목표로 하고 있어 2023년 공격적인 투자가 시작될 것으로 전망됩니다.

- **인도 5G 투자 시작에 따른 삼성전자의 수주 기대**

인도 5G 투자에서 삼성전자의 대규모 수주가 기대됩니다. 인도 4G 투자(2014~2016년) 당시 삼성전자가 1위 사업자 릴라이언스 지오로부터 네트워크 장비를 단독 수주했고 성공적인 4G 투자를 기반으로 릴라이언스 지오가 인도 1위 사업자로 안착했습니다. 지오는 2016년 1억 명 수준의 가입자를 보유했지만 2021년 4억 명까지 가입자를 확대하며 무선통신업에서 유례 없는 성장을 기록했습니다. 해당 경험을 기반으로 이번에 도래한 5G 투자도 통신 3사 중 가장 높은 투자 집행이 예상됩니다. 지오는 아직 공식적으로 5G 네트워크 장비 벤더사를 발표하지 않았지만 과거 기록을 기반으로 이번 5G 투자에서도 삼성전자가 메인 벤더사 역할을 맡을 가능성이 큰 것으로 판단합니다.

인도의 중화권 업체 배제 흐름 속에서 삼성전자가 수혜를 입는 형국입니다. 인도 통신부는 2021년 5월 성명을 통해 자국 통신사의 5G 시험사업 허가와 사업 파트너사로 삼성전자, 에릭슨, 노키아 등을 허가했습니다. 이에 따라 2022년 7월 발표한 에어텔 벤더사에 중화권 업체가 탈락하고 삼성전자가 새로 자리했습니다. 삼성전자는 인도 1위, 2위 통신사업자의 네트워크 장비 벤더사로 인도 5G 개화의 수혜를 온전히 받을 전망입니다.

OECD는 글로벌 경기침체 우려에도 인도의 경제성장률을 2022년 6.6%, 2023년 5.7%, 2024년 6.9%로 전망하고 있습니다. 이와 함께 글로벌 기업들의 탈중국에 따른 인도시장 진출도 이어지고 있습니다. 인도는 2023년 세계 1위 인구 보유국에 오를 전망이며 경제성장과 해외투자 유치를 위해 인프라 투자가 필요한 시점입니다. 인도가 세계 2위 이동통신 가입자 보유국인 점은 5G 투자 집행 후 가입자 유입 부진 리스크를 줄여주는 요인입니다.

2022~2024년 GDP 성장률 전망

	2022년	2023년	2024년
한국	2.7%	1.8%	1.9%
중국	3.3%	4.6%	4.1%
미국	1.8%	0.5%	1.0%
인도	6.6%	5.7%	6.9%
세계	3.1%	2.2%	2.7%

자료: OECD, 대신증권 Research Center

통신인프라 투자 규모

• 결정 요인: 인구

　　5G 투자 규모를 결정하는 요인은 국가 면적과 인구이며 면적보다 인구가 더 밀접한 연관성을 보입니다. 미국과 중국이 비슷한 면적에도 구축하는 기지국 대수 차이가 발생하는 것은 인구 차이에 기인합니다. 국내 투자 사례에서도 면적보다 인구가 5G 인프라 투자에 영향을 미치는 점임을

확인할 수 있습니다. 2022년 상반기 기준 3.5GHz 주파수 대역 기지국 중 44%가 수도권에 위치했고 28GHz의 경우, SKT, KT는 90% 이상, LGU+는 60%가량이 수도권에 위치했습니다.

국가별 인구, 면적, 기지국 구축 대수

	인구	면적	4G 기지국 대수	5G 기지국 대수
미국	3억 4천만 명	9억 8천만ha	약 30만 대	약 10만 대
중국	14억 3천만 명	9억 6천만ha	약 350만 대	약 130만 대
인도	14억 2천만 명	3억 3천만ha	약 200만 대	

자료: 통계청 산업자료, 대신증권 Research Center

인구, 면적, 경제 상황 등을 종합적으로 고려할 때 인도 5G 투자는 미국보다 중국과 비슷한 흐름으로 5G 투자가 진행될 가능성이 큽니다.

• **버라이즌 투자 재개 기대, 2023년 업종 실적 턴어라운드 기대**

2020년 하반기 삼성전자가 버라이즌으로부터 7조 9천억 원 규모를 수주한 이후 국내 통신장비 업계 전반에 실적 기대감이 확산되었습니다. 하지만 계속되는 투자 지연의 영향으로 2년간 실적 기대감을 충족시키지 못했고 이는 통신장비업 실적에 대한 불신으로 이어졌습니다. 2023년은 통신장비 실적 턴어라운드에 확신을 가져도 되는 해로 판단합니다. 이는 버라이즌 투자 재개, 삼성전자의 고객사 다각화, 국내 통신사 간의 품질경쟁에 근거합니다.

PART 3

조선업종

 해상 물동량 변화 야기

　2023년 경기전망이 밝지만은 않습니다. 경기침체에 더해 러시아-우크라이나 전쟁은 글로벌 해상 물동량에 큰 변화를 야기했습니다. 특히 에너지 시장에 큰 변화를 촉발했는데 러시아산 가스 수입 의존도가 높았던 유럽은 다급히 LNG 수입을 늘리고 있습니다. 또한, 러시아산 정유제품에 대한 수출규제 강화로 정유 운반선 운임이 급등했습니다. 선박 발주의 핵심은 LNG선으로 PC선과 LNG선은 중·장기적으로 견조 액화플랜트도 1억 톤 이상 추가 건설이 필요합니다. 2023년 선박 발주 전망의 키는 LNG선과 PC선입니다. LNG선은 유럽, 중국, 유럽·중국 합작 이외 글로벌 지역으로 세분해 각각의 LNG선 수요를 전망하고 이를 주요 운송경로가 달라질 때 얼마나 많은 선박이 필요할지 계산해보았습니다.

결론적으로 유럽은 약 74척, 중국은 140척, 기타 지역 142척의 LNG선이 필요할 것으로 예상되며 노후 선박 교체물량을 더하고 이미 발주된 선박을 차감해 계산하면 2027년까지 매년 67척의 LNG선 발주가 필요해 보입니다. 이 같은 수요 증가에 대비해 LNG 액화 터미널도 현재 건설 중인 액화플랜트 외에 추가로 약 1억 톤의 액화 플랜트가 신규로 지어져야 합니다.

PC선은 대러시아 제재로 해상 물동량 확대효과와 노후선 비중도 높아 발주 증가가 전망됩니다. PC선도 러시아산 정유제품에 대한 수출규제가 강화되면서 운송거리가 길어 해상 물동량이 증가하는 효과가 나타나고 있습니다. 정유제품의 38%를 러시아에서 수입하던 유럽은 수입지역을 다변화해야 했고 미국, 한국 등의 정유제품 수출이 늘면서 유럽의 수요를 대체하는 것으로 추정됩니다. 다운사이클에서 선가도 하락했음을 감안하면 금액 기준 2023년 발주 규모는 올해보다 9% 감소할 것으로 보입니다. 2023년 하반기로 갈수록 빅 사이클에 대한 기대감이 커질 것으로 보입니다. 선박의 경제적 수명이 단축됨에 따라 2000년대 발주된 선박의 교체주기가 도래하기 때문입니다. 당분간 에너지 가격 강세가 지속될 것으로 보이는데 2000년대 발주된 선박들은 환경규제 비용 등이 커질 수밖에 없고 여기에 LNG 추진선과 암모니아·메탄올 추진선 등으로 대안이 좁혀지는 점도 교체발주를 가속화할 것으로 보입니다.

- **해양플랜트도 회복 조짐**

해양플랜트도 회복될 조짐입니다. 앞에서 언급했던 LNG 액화플랜트 증설이 해양플랜트 발주를 주도할 것입니다. 현재 FEED 단계에 있는 여섯 개 FLNG 프로젝트를 포함해 다수의 FPSO 등이 발주 대기 중입니다.

2012~2013년 연간 200억 달러 수준의 수주는 아니지만 지난해 40억 달러를 넘어선 70억 달러 이상의 해양플랜트 수주를 예상합니다.

해상 물동량의 변화

• 화물량·운송거리 모두 증가

해상 물동량은 톤(ton)과 운송거리까지 감안한 톤-마일(ton-miles)로 표시합니다. 조선업에서는 거리가 늘수록 배가 더 많이 필요하므로 톤-마일 단위로 해상 물동량을 살펴보는 것이 맞습니다. 2002~2021년 단순 톤 단위 해상 물동량은 연평균 3.1% 늘었고 톤-마일로는 3.5% 증가했습니다. 화물량과 운송거리 모두 늘었다는 뜻입니다.

LNG의 해상 물동량이 가장 빠르게 성장

해상에서 가장 많이 운송되는 화물은 원유이며 그다음은 컨테이너 화물입니다. 코로나로 글로벌 물동량 변화가 나타나기 전 기준으로 철광석, 석탄, 곡물 등 벌크로 싣고 다니는 화물이 3~5위를 기록했고 정유 제품과 LNG가 그 뒤를 잇고 있습니다. 해상 물동량 증가 속도가 가장 빠른 것은 LNG이고 가장 느린 것은 원유입니다.

• LNG선과 PC선, 2023년 발주 이끌 것

에너지 시장의 변화, 러시아-우크라이나 전쟁으로 유럽은 러시아산 가스 의존도 축소 계획 발표

러시아-우크라이나 전쟁이 발발하자마자 유럽은 러시아산 가스 도입을 줄이겠다는 발표를 했습니다. 2022년 3월 EU 집행위원회는 약 40%에 달하는 러시아산 천연가스 의존도를 2022년 말까지 ⅓ 수준으로 감축하고 늦어도 2030년까지 '0' 수준을 달성하겠다는 계획을 발표했습니다.

- **LNG 수입 확대 추진 중**

러시아 의존도를 낮추기 위해 미국, 카타르, 이집트 등으로부터 LNG 수입을 늘리고 아제르바이잔, 터키로부터 기존 가스 수송 공급망을 통해 PNG 수입 확대를 추진 중입니다. 러시아산 정유제품 수출규제는 정유 운반선 운임 급등으로 이어졌습니다. 러시아산 정유제품 수출제재도 강화되었습니다. 유럽은 전쟁 발발 즉시 석유 정제 관련 품목을 금수조치했고 2022년 3월 미국도 러시아 산업제재 허가 대상 범위를 정유로 확대했습니다. 러시아산 정유제품의 54%(2020~2021년 평균 비중)가 유럽으로 수출되며 미국으로도 약 18%가 수출되고 있습니다. 유럽은 새로운 공급처를 확보해야만 했고 이는 PC선 운임 급등, 유럽 LNG 수요 확대로 LNG E&P 투자 확대, 가스 가격 급등으로 이어졌습니다.

유럽의 러시아산 천연가스 수입 감축 결정은 LNG 시장에 큰 변화를 불러왔습니다. LNG 운반선 발주가 크게 늘었고 LNG E&P 투자도 확대 중입니다. 하지만 긍정적인 변화만 있는 것은 아닙니다. 천연가스 가격이 급등하면서 발전 단가가 크게 올랐는데 다행히 유럽의 재고 비축이 마무리되고 날씨도 따뜻해 가스 가격은 안정되고 있습니다.

주식, 낙폭과대주
이것만 기억하자

CHAPTER 15

2023년 관심주

PART 1

크래프톤

기업 개요

동사는 2007년 설립된 글로벌 게임회사로 게임 개발·퍼블리싱을 주사업으로 영위하며 크래프톤 본사 산하 총 7개의 독립된 개발 스튜디오를 갖추고 있고 '배틀그라운드', '엘리온', '뉴스테이트 모바일', '썬더 티어원', '서브노티카' 등 총 16개 게임을 서비스 중입니다. 동사는 멀티 타이틀을 자체 서비스할 수 있는 역량과 조직 구조를 확보하고 있으며 2022년 2월 ㈜5민랩을 인수했습니다.

투자 포인트

크래프톤은 배틀로얄 장르의 게임 'PUBG: 배틀그라운드'를 글로벌 히트시키며 전 세계 200개국 이상에 수출 중입니다. 2022년 상반기 해외 영업활동을 통해 벌어들인 수익이 총매출의 94%에 달하는 수출 효자 기업입니다. 대표 IP인 '배틀그라운드'의 PC, 모바일, 콘솔 버전을 동시 서비스 중이며 인플루언서 마케팅과 e-스포츠 대회 개최를 병행해 신규 이용자 유입을 극대화하는 전략으로 매출 증대 중입니다.

2022년 12월 크래프톤의 배틀그라운드 모바일은 3년 연속 게임 매출 세계 1위를 기록했으며 크래프톤은 배틀그라운드가 글로벌 시장에서 흥행 중인 가운데 올해 칼리스토 프로토콜이 출시되어 장르 다변화와 기술적 완성도를 이뤄내며 글로벌 게임회사로 자리매김하는 원년이 될 것으로 기대하고 있습니다. 칼리스토 프로토콜은 다양한 무기와 전투 방식으로 괴생명체들에 맞서 싸워 생존하는 서바이벌 호러 게임입니다. 총기, 스턴 곤봉, 그립 등 다양한 무기를 전략적으로 사용하는 하드코어 전투 시스템을 구현했습니다. 대규모 자본이 뒷받침된 블록버스터급 게임(Triple-A Game, AAA)으로 데드스페이스(Dead Space)로 유명한 호러 게임의 거장 글렌 스코필드(Glen Schofield)가 개발을 맡아 화제가 되기도 했습니다.

- **배틀그라운드 IP 다각화 통해 종합 미디어 콘텐츠 기업으로 탈바꿈**

크래프톤은 배틀그라운드(PUBG) 세계관을 바탕으로 한 웹툰, 쇼트 애니메이션, 그래픽 노블 등 게임 이외 콘텐츠를 제작해 기존 게임 이용자뿐만 아니라 일반 대중도 즐길 수 있도록 선보일 계획입니다. 이 외에도 판타지 소설 '눈물을 마시는 새' IP를 활용해 비주얼 R&D 작업을 진행 중이며 이후 게임 제작과 다양한 멀티미디어 콘텐츠에 활용할 예정입니다. 2022년 6월에는 자체 기술력으로 제작한 버추얼 휴먼 '애나(ANA)'를 선보였습니다. 고도화된 음성합성 등의 딥러닝 기술을 더해 인간처럼 자연스럽게 연기하고 노래할 수 있는 고유의 목소리를 입힌 것이 특징입니다. 크래프톤은 ANA를 게임, e-스포츠, 버추얼 인플루언서, 엔터테인먼트 등 다양한 사업 영역에서 활용하고 독보적인 기술력을 보유한 기업 인수를 통해 AI(인공지능), 딥러닝 기술력을 지속적으로 발전시켜 나갈 계획입니다. 한편, 메타버스 '제페토'를 운영하는 네이버 제트와 협업해 크립토 메타버스 프로젝트 '미글루'도 개발 중입니다. 크리에이터가 콘텐츠를 생산해 돈을 버는 C2E(Create-to-Earn) 기반 서비스로 업계의 주목을 받고 있습니다.

• 2022년 3분기 실적

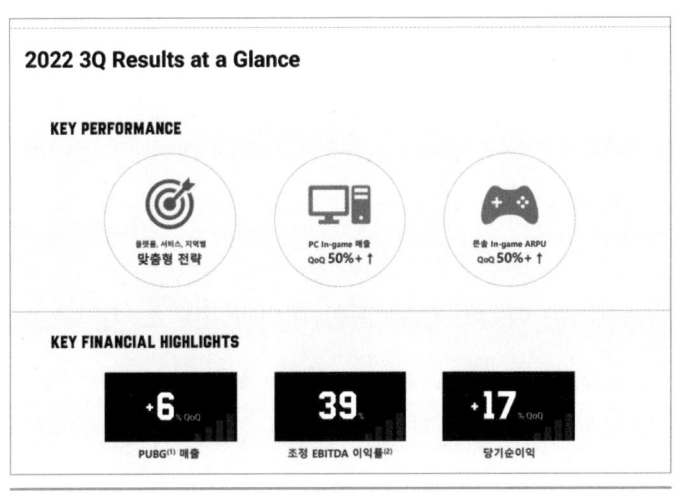

그림 190

매출액 전년 동기 대비 6%, EBITDA 이익률 39%, 당기순이익 17% 상승

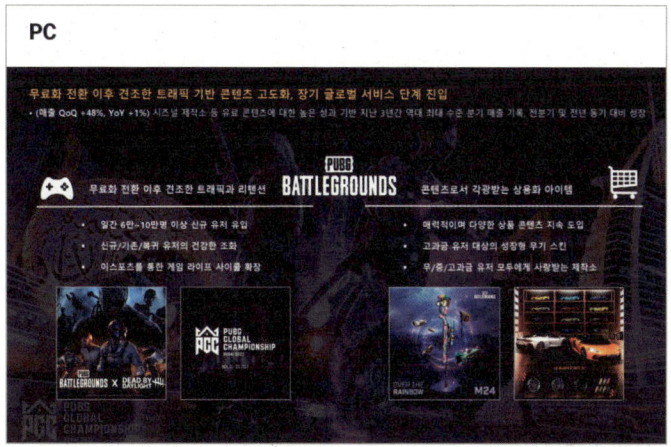

그림 191

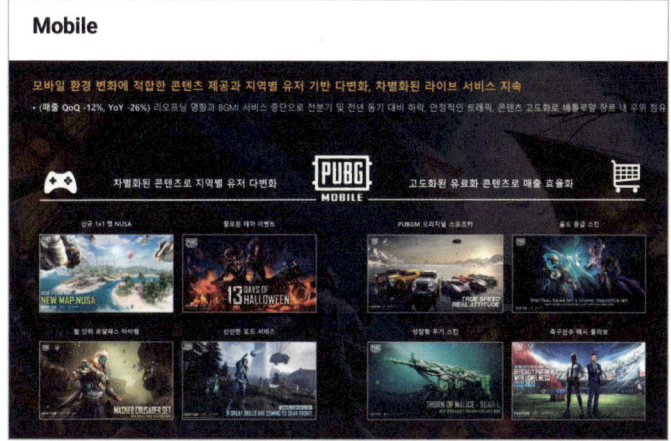

그림 192

그림 193

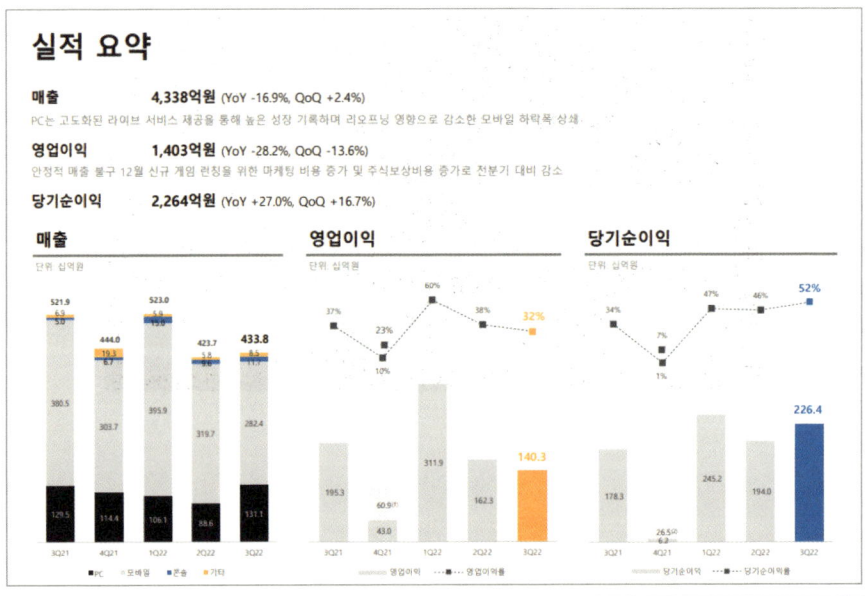

그림 194

비용 구성

영업비용 2,935억원 (YoY -10.2%, QoQ +12.3%)

- (인건비) 1,021억원 (YoY +26.3%, QoQ +5.4%)
  사업의 성장에 따른 인원 증가로 전년 동기 및 전분기 대비 증가
- (지급수수료) 855억원 (YoY +22.1%, QoQ +4.7%)
  12월 칼리스토 프로토콜의 출시 준비로 인한 신작 관련 비용으로 전년 동기 및 전분기 대비 증가

(단위: 십억원)	3Q21	4Q21	1Q22	2Q22	3Q22	YoY	QoQ
영업비용	326.6	401.0	211.1	261.3	293.5	-10.2%	12.3%
% 매출 대비	62.6%	90.3%	40.4%	61.7%	67.7%	5.1%p	6.0%p
인건비	80.8	94.8	110.5	96.9	102.1	26.3%	5.4%
앱수수료/매출원가[1]	59.6	57.7	51.6	50.1	47.8	-19.9%	-4.6%
지급수수료	70.0	118.1	55.9	81.7	85.5	22.1%	4.7%
마케팅비	20.5	46.4	17.5	11.3	19.7	-3.7%	74.6%
주식보상비용	70.6	59.0	(53.2)	(8.4)	7.8	-89.0%	192.7%
기타	25.1	25.1	28.8	29.8	30.6	22.1%	2.7%
영업이익	195.3	43.0	311.9	162.3	140.3	-28.2%	-13.6%
% 마진율	37.4%	9.7%	59.6%	38.3%	32.3%	-5.1%p	-6.0%p
조정 EBITDA[2]	283.3	120.6	278.1	174.5	170.9	-39.7%	-2.1%
% 마진율	54.3%	27.2%	53.2%	41.2%	39.4%	-14.9%p	-1.8%p
당기순이익	178.3	6.2	245.2	194.0	226.4	27.0%	16.7%

그림 195

영업이익 / 조정 EBITDA

영업이익 1,403억원 (YoY -28.2%, QoQ -13.6%)

조정 EBITDA 1,709억원 (YoY -39.7%, QoQ -2.1%)

- 조정 EBITDA는 전분기 대비 2.1% 감소, 조정 EBITDA 마진 39.4% 기록

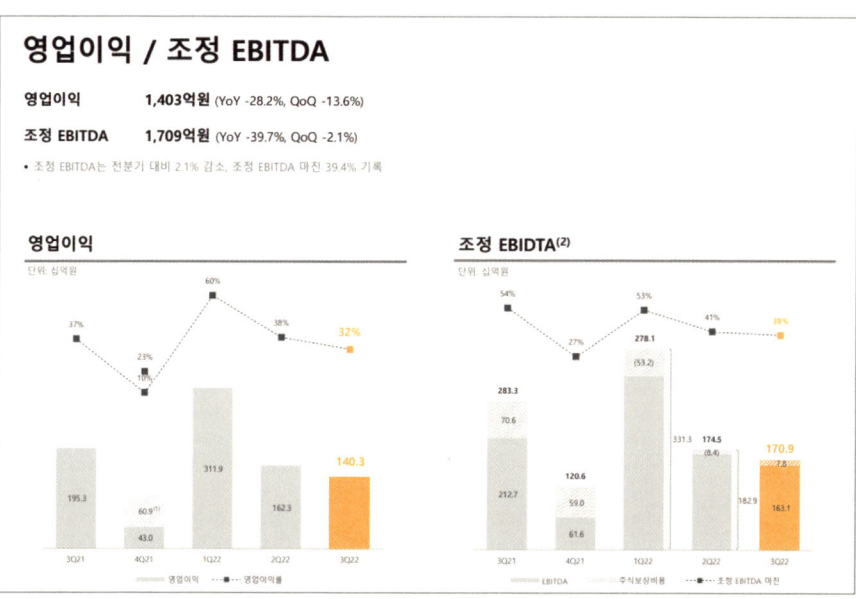

그림 196

당기순이익

세전이익 3,094억원 (YoY +14.6%, QoQ +20.5%)
당기순이익 2,264억원 (YoY +27.0%, QoQ +16.7%)

- 당기순이익은 달러화 강세로 인한 영업외손익 증가로 전분기 대비 상승, 순이익률 52% 기록

영업외손익 및 세전손익
단위: 십억원

구분	3Q21	4Q21	1Q22	2Q22	3Q22
영업외손익	74.7	(5.7)	17.8	94.5	169.1
영업외수익	86.3	23.9	43.7	108.9	206.1
기타수익	82.3	18.6	37.0	101.3	196.2
금융수익	4.0	5.3	6.7	7.5	9.9
영업외비용	11.7	29.7	25.9	14.4	37.0
기타비용	9.9	28.2	24.3	12.8	35.5
금융비용	1.8	1.5	1.7	1.6	1.5
법인세차감전손익	269.9	37.2	329.6	256.8	309.4

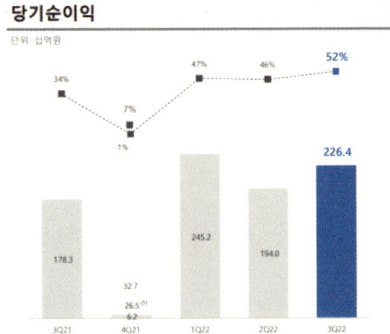

그림 197

• 실적 전망

크래프톤 분기별 실적 추이 및 전망

(십억원)	1Q21	2Q21	3Q21	4Q21	1Q22	2Q22	3Q22	4Q22E	21A	22E	23E
매출액	461.0	459.3	521.9	444.0	523.0	423.7	433.8	481.3	1,886.3	1,861.7	1,774.4
온라인	66.1	88.6	129.5	114.4	106.1	88.6	131.1	150.4	398.5	476.3	488.3
모바일	378.8	354.2	380.5	303.7	395.9	319.7	282.4	259.5	1,417.2	1,257.5	1,177.8
콘솔	4.0	4.2	5.0	6.7	15.0	9.6	11.7	50.2	19.9	86.5	64.9
기타	12.1	12.5	6.9	19.3	5.9	5.8	8.5	21.2	50.7	41.4	43.5
영업비용	233.8	285.2	326.7	401.0	211.1	261.3	293.5	340.3	1,246.7	1,106.3	1,275.8
영업이익	227.2	174.2	195.3	43.0	311.9	162.3	140.3	140.9	639.6	755.4	498.6
영업이익률(%)	49.3%	37.9%	37.4%	9.7%	59.6%	38.3%	32.3%	29.3%	33.9%	40.6%	28.1%
영업외손익	44.2	-2.4	74.7	-5.7	17.8	94.5	169.1	58.5	110.7	339.9	243.0
법인세차감전이익	271.4	171.8	269.9	37.2	329.6	256.8	309.4	199.4	750.4	1,095.2	741.5
법인세차감전이익률(%)	58.9%	37.4%	51.7%	8.4%	63.0%	60.6%	71.3%	41.4%	39.8%	58.8%	41.8%
법인세비용	77.4	30.5	91.6	31.0	84.4	62.9	83.0	53.0	230.5	283.3	194.0
법인세율(%)	28.5%	17.8%	33.9%	83.2%	25.6%	24.5%	26.8%	26.6%	30.7%	25.9%	26.2%
당기순이익	194.0	141.3	178.3	6.2	245.2	194.0	226.4	146.4	519.9	812.0	547.5
당기순이익률(%)	42.1%	30.8%	34.2%	1.4%	46.9%	45.8%	52.2%	30.4%	27.6%	43.6%	30.9%
지배주주지분	194.0	141.3	178.3	6.2	245.2	194.0	226.4	146.4	519.9	812.0	547.5
비지배주주지분	0.0	0.0	0.0	0.0	0.0	0.0	0.0	0.0	0.0	0.0	0.0

자료: 크래프톤, 키움증권

그림 198

크래프톤 분기 실적 추정치 변경 내역

(십억원)	변경 전				변경 후				차이(%, %P)			
	4Q22E	1Q23E	2Q23E	3Q23E	4Q22E	1Q23E	2Q23E	3Q23E	4Q22E	1Q23E	2Q23E	3Q23E
매출액	551.8	494.7	407.1	469.4	481.3	478.0	392.6	455.3	-12.8%	-3.4%	-3.6%	-3.0%
영업이익	192.4	213.3	110.4	129.9	140.9	199.0	98.3	118.1	-26.7%	-6.7%	-11.0%	-9.1%
영업이익률	34.9%	43.1%	27.1%	27.7%	29.3%	41.6%	25.0%	25.9%	-5.6%	-1.5%	-2.1%	-1.7%
법인세차감전순이익	250.9	274.0	171.2	190.6	199.4	259.7	159.1	178.8	-20.5%	-5.2%	-7.1%	-6.2%
당기순이익	184.0	202.1	126.3	140.6	146.4	191.8	117.4	132.0	-20.5%	-5.1%	-7.0%	-6.1%
지배주주지분	184.0	202.1	126.3	140.6	146.4	191.8	117.4	132.0	-20.5%	-5.1%	-7.0%	-6.1%

자료: 키움증권

그림 199

- **크래프톤의 분기 실적 추정치**

2023년 1분기 영업이익률 추천주 43.1%에서 41.6%로 하향 조정, 2023년 2분기 영업이익률 27.7%에서 25%로 하향 조정되었습니다.

- **악재**

신작 칼리스토 프로토콜이 대체로 긍정적인 유저 피드백을 이끌어냈지만 유저 확장을 이끌 만큼 새로운 게임성을 제시하지는 못했다고 평가했습니다. 칼리스토 프로토콜이 초반 플레이 구간에서 긍정적인 유저 피드백을 받았지만 중·후반 플레이 구간에서 반복적인 패턴 등이 부각되며 유저들의 평가가 엇갈렸습니다. 칼리스토 프로토콜 출시 이후 PC 버전을 중심으로 최적화 문제가 크게 발생했다며 "게임성의 중요한 요소기에 이를 보정하지 않고 출시한 것은 개발사 레퍼런스에 부정적인 기록으로 남을 것"이라고 평했습니다. 칼리스토 프로토콜 초기 분기 판매 105만 장과 이후 4년간 판매를 포함한 누적 판매고를 350만 장으로 조정한다고 밝혔습니다.

결론

2023년 예상 컨센서스로 영업이익률이 하향 조정되었지만 기술적 분석상 이미 상당 부분 주가에 반영되었습니다. 2023년 1분기 저점에서 적극적인 공략 전략이 유효해보이며 2024년 긴축 구조가 완화될 경우, 2023년은 절호의 매수 기회입니다.

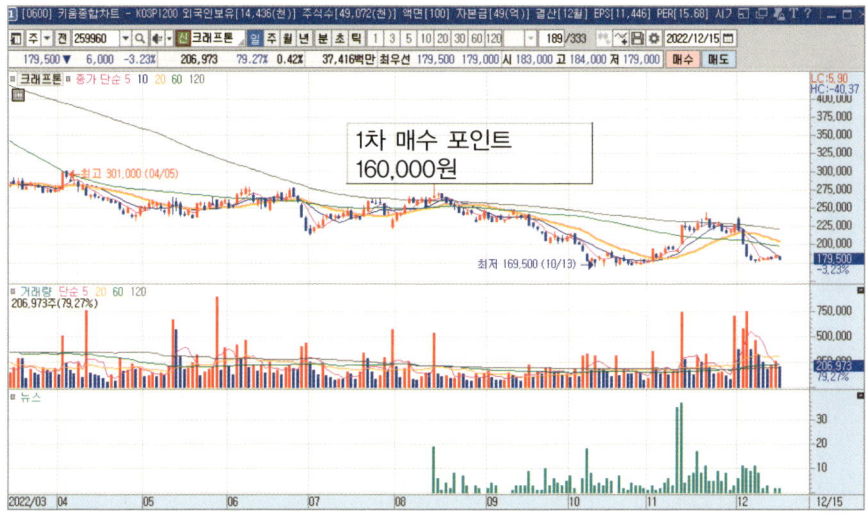

그림 200

2022년 12월 15일 크래프톤 일봉 차트입니다. 1차 매수 포인트 160,000원, 2차 매수 포인트를 약 136,000원으로 잡으시고 대응하시는 것이 좋아 보입니다. 단기 투자보다 중·장기 투자를 권합니다.

PART 2

셀트리온

기업 개요

동사는 생명공학기술 및 동물세포 대량 배양기술을 기반으로 항암제 등 각종 단백질 치료제(Therapeutic Proteins) 개발·생산을 목적사업으로 하고 있습니다. 아시아 최대인 14만L 규모의 동물세포 배양 단백질 의약품 생산설비를 보유하고 있으며 향후 개발 일정과 수요 등을 감안해 제3공장 신설도 예정되어 있습니다. 세계 최초로 개발한 자가면역질환 치료용 바이오시밀러 '램시마'는 2016년 미국 FDA로부터 판매승인을 받았습니다.

 **투자 포인트**

- **제네릭 의약품, 오리지널 의약품 특허 만료**

2023년부터 휴미라, 스텔라라, 아일리아 항체의 의약품 특허 만료가 지속될 예정이며 바이오시밀러 품목이 다양해지고 시장의 고성장 가능성이 시작될 것으로 판단합니다. 셀트리온 헬스케어 미국·유럽 파트너사를 통한 판매전략에서 직접판매로 전환할 예정입니다. 직접판매 시 셀트리온 헬스케어 이익률이 증가할 것으로 예상됩니다. 다수의 바이오시밀러 개발 파이프라인을 보유했으며 특허 만료로 인한 바이오시밀러 시장의 성장 기대감도 높습니다.

셀트리온 실적 추정											(단위: 십억 원)
	1Q21	2Q21	3Q21	4Q21	1Q22	2Q22	3Q22	4Q22E	2021	2022E	2023E
매출액	457.0	431.8	401.0	621.9	550.6	596.1	645.6	589.1	1,911.6	2,381.4	2,667.5
YoY	22.6%	0.7%	(26.9%)	24.7%	20.5%	38.1%	61.0%	(5.3%)	3.4%	24.6%	12.0%
바이오시밀러	283.3	241.8	248.6	217.7	275.3	345.7	342.2	357.0	991.4	1,205.1	1,745.2
CMO(TEVA)	0	0	0	373	0	0	0	22.2	37.3	22.2	83.4
제약/케미컬	73.1	99.3	80.2	93.3	99.1	137.1	122.7	125.9	345.9	484.8	507.4
기타	100.5	90.7	72.2	273.6	176.2	113.3	180.8	840	537.0	554.2	331.5
매출 총이익	297.1	239.4	247.8	321.5	251.5	300.2	300.0	297.5	1,105.8	1,149.3	1,373.3
판매 관리비	89.4	76.2	83.9	99.5	109.2	101.2	86.2	89.5	348.9	386.2	381.3
영업 이익	207.7	163.2	164.0	222.0	142.3	199.0	205.3	208.0	756.9	754.5	976.5
YoY	72.7%	(10.2%)	(33.1%)	29.7%	(31.5%)	21.9%	25.2%	(6.3%)	5.3%	(0.3%)	29.4%
OPM	45.4%	37.8%	40.9%	35.7%	25.8%	33.4%	32.8%	35.3%	39.6%	31.9%	36.6%

그림 201

셀트리온의 2023년 예상 매출액은 2,667억 원으로 전년 동기 대비 12% 증가가 예상됩니다. 바이오시밀러 사업에 매출액이 2022년 대비 500억 원 이상 증가할 것으로 보이며 영업이익은 976억 원으로 전년 동기 대비 29.4% 증가가 예상됩니다.

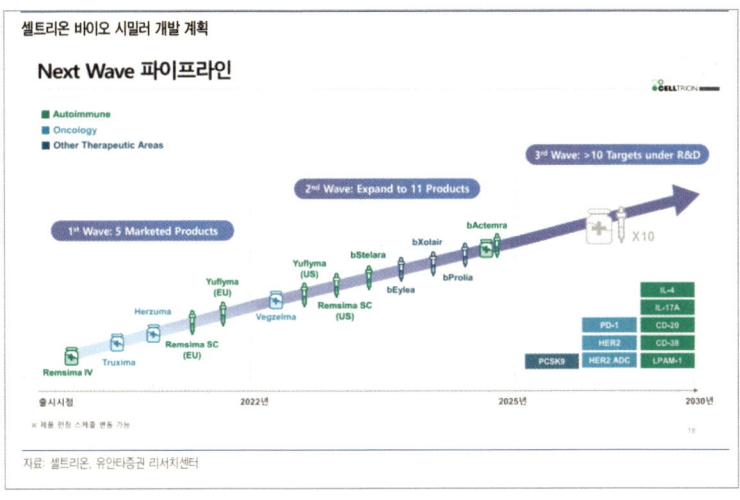

그림 202

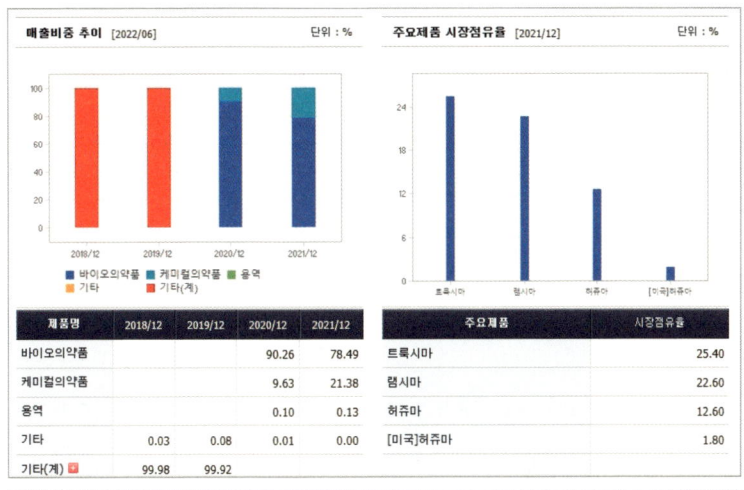

그림 203

    셀트리온의 매출은 2020년 12월 바이오 의약품 90.26%에서 2021년 12월 78.49% 감소했지만 셀트리온의 주력 매출은 바이오 의약품입니다.

케미칼 의약품 2020년 12월 매출 9.6%, 2021년 12월 매출 21.38%로 매출 비중이 크게 증가하고 있습니다. 주요 제품으로는 트룩시마, 램시마, 허쥬마 등이 있습니다.

IFRS(연결)	2019/12	2020/12	2021/12	2022/09	전년동기	전년동기(%)
매출액	11,285	18,491	19,116	17,733	12,900	37.5
매출원가	4,950	8,215	8,058	9,406	5,018	87.4
매출총이익	6,335	10,277	11,058	8,327	7,882	5.6
판매비와관리비	2,520	3,091	3,489	2,862	2,463	16.2
영업이익	3,815	7,186	7,569	5,466	5,419	0.9
영업이익(발표기준)	3,815	7,186	7,569	5,466	5,419	0.9
금융수익	176	96	423	229	398	-42.5
금융원가	142	377	128	144	102	41.5
기타수익	209	487	535	623	501	24.3
기타비용	233	846	850	494	133	271.1
종속기업,공동지배기업및관계기업관련손익	-5	26	-36	97	5	2020.5
세전계속사업이익	3,820	6,572	7,513	5,777	6,088	-5.1
법인세비용	806	1,314	1,555	1,168	1,355	-13.8
계속영업이익	3,014	5,257	5,958	4,609	4,733	-2.6
중단영업이익				112	-25	흑자전환

그림 204

셀트리온은 2019년 매출액 1조 1,285억 원, 영업이익 3,815억 원, 세전 계속사업이익 3,820억 원, 2021년 매출액 1조 8,491억 원, 영업이익 7,816억 원, 세전 계속사업이익 6,572억 원, 2022년 매출액 1조 9,116억 원, 영업이익 7,569억 원, 세전 계속사업이익 7,513억 원을 기록했습니다. 매출액, 영업이익 모두 3년 연속 지속적으로 증가하고 있습니다.

IFRS(연결)	2018/12	2019/12	2020/12	2021/12	2022/09
안정성비율					
유동비율	245.4	271.6	238.1	254.0	263.2
당좌비율	221.4	225.0	201.8	206.2	209.6
부채비율	35.0	34.4	46.5	40.1	39.2
유보율	1,976.8	2,188.6	2,492.3	2,903.3	3,171.6
순차입금비율			2.2		4.2
이자보상배율	21.9	35.2	95.8	91.9	97.5
자기자본비율	74.1	74.4	68.3	71.4	71.8
성장성비율					
매출액증가율	3.5	14.9	63.9	3.4	37.5
판매비와관리비증가율	14.9	10.6	22.7	12.9	16.2
영업이익증가율	-35.3	18.1	88.3	5.3	0.9
EBITDA증가율	-25.0	19.5	66.7	8.8	2.3
EPS증가율	-33.4	22.1	71.6	11.7	2.1
수익성비율					
매출총이익율	56.1	56.1	55.6	57.9	47.0

그림 205

　부채비율은 2018년 38%, 2019년 34.4%, 2020년 46.5%, 2021년 40.1%로 상당히 안정적이며 2021년 12월부터 소폭 감소하고 있습니다. 2022년 9월 유보율은 3,171.6% 증가해 안정성 지표는 상당히 양호합니다.

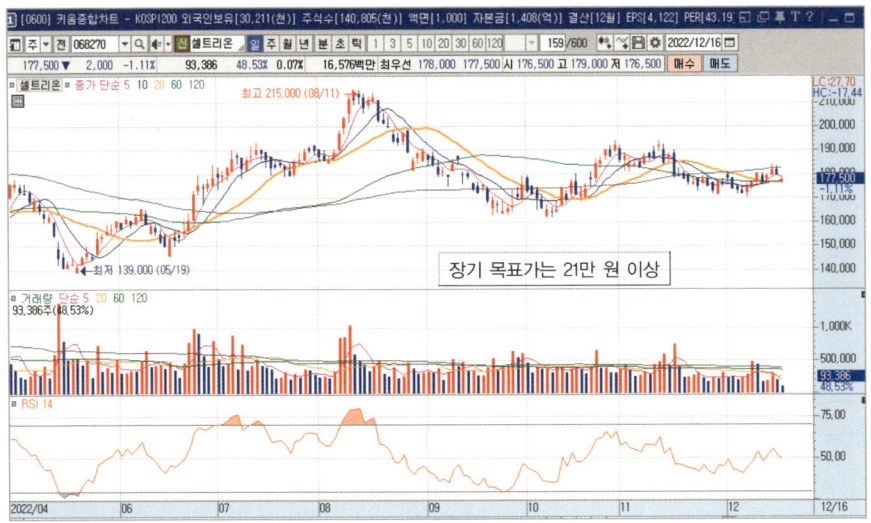

그림 206

　　2022년 12월 16일 기준 셀트리온 주가는 177,500원입니다. 현재 가격은 중·장기적으로 볼 때 상당히 매력적입니다. 또한, 셀트리온은 실적 증가로 바이오시밀러 성장성 대비 주가를 매수할 자리로 보이며 현재 구간대에서 분할매수로 대응하신 후 21만 원 이상을 목표가로 잡으시길 바랍니다 (중·장기 투자자용).

PART 3

천보

기업 개요

동사는 2007년 10월 8일 설립되었으며 2019년 코스닥 시장에 상장했습니다. 전자소재, 2차전지 전해질 등의 개발·제조·판매가 주요 사업입니다. 주요 사업 부문은 크게 전자소재, 2차전지 소재, 의약품 소재, 정밀화학 소재로 구성됩니다. 매출 구성은 전자소재 26.9%, 2차전지 소재 63.8%, 의약품 소재 2.1%, 정밀화학 소재 2.8%, 기타 4.4%입니다.

출처: 에프앤가이드, 천보 기업분석

천보는 2019년 매출액 1,353억 원, 2022년 3분기 2,447억 원을 기록했습니다. 2022년 3분기 영업이익은 454억 원으로 전년 동기 대비 46.6% 증가했습니다.

그림 207

그림 208

2022년 9월 부채비율은 96.1%로 단기적으로 3배 이상 증가했지만 부채비율은 100% 이하이며 유보율은 6,834% 증가했습니다. 전체적으로 안정성이 떨어지는 기업은 아닙니다.

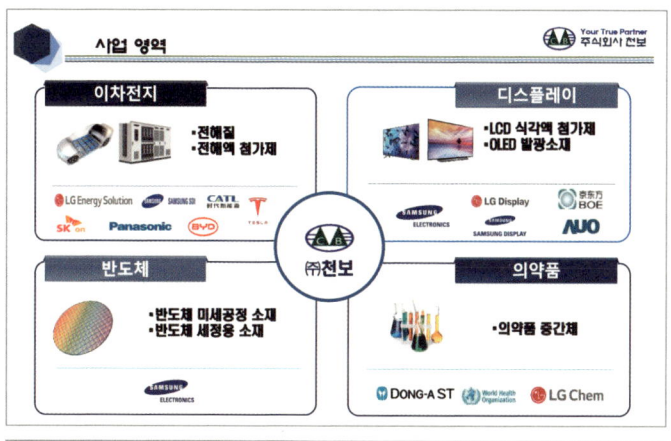

그림 209

전해액: 리튬이온을 이동시켜주는 매개체로 전해액에 첨가제를 투입해 성능(에너지 밀도, 수명, 충전·방전 시간), 안정성을 향상시켜줍니다.

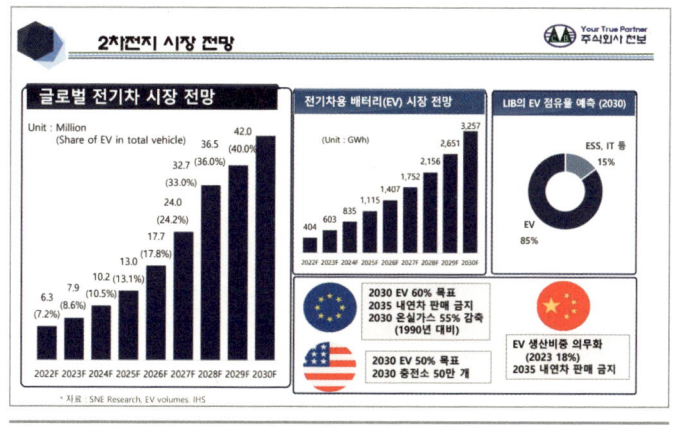

그림 210

글로벌 전기차 시장은 2030년까지 지속적인 성장이 전망되며 유로존은 2035년 이후부터 내연차 판매를 금지하기로 했습니다. 미국의 2030년 전기차 비중은 50%가 목표이며 중국은 2035년 이후 내연차 판매 금지에 따라 연평균 두 자리 수 성장이 지속될 전망입니다.

투자 포인트

• 설비투자 확대에 따른 성장 모멘텀

전체 CAPA는 4,700만 톤 수준으로 2022년 말 5,900만 톤에서 2023년 1,200만 톤이 추가되어 생산력 증대가 지속될 전망입니다. 2023년 전해질 제품별 증설 계획은 LIFI(F) 5,000만 톤, FEC 3,000만 톤, VC 2,000만 톤이며 중·장기 설비 계획으로 2025년 말 약 5만 톤으로까지 증설을 준비 중입니다. 영업이익률은 2021년 18.6%에서 2022년 19.5%가 예상됩니다.

[표1] 천보 실적 추이 및 전망 (단위: 십억 원)

구분	1Q21	2Q21	3Q21	4Q21	1Q22	2Q22	3Q22	4Q22E	1Q23E	2Q23E	3Q23E	4Q23E	2021	2022E	2023E
매출액	49	60	74	88	94	66	85	86	100	122	155	167	272	330	544
(%, QoQ)	9%	23	22	20	7	-30	29	1	16	22	27	8			
(%, YoY)	27	79	93	96	92	9	15	-3	6	85	84	95	75	22	65
2차전지소재	31	37	53	64	65	37	64	66	79	99	128	141	185	232	446
전자소재	15	17	17	19	23	21	15	14	15	18	21	21	68	72	75
기타	4	6	4	5	6	9	5	6	6	6	6	6	19	26	23
영업이익	10	10	12	20	18	12	15	15	19	22	29	30	51	60	100
(%, QoQ)	-1%	1	24	65	-8	-33	26	-1	26	17	29	6			
(%, YoY)	32	52	68	105	89	25	29	-23	6	85	88	101	68	20	66
OPM (%)	19	16	16	22	19	18	18	18	19	18	19	18	19	18	18
매출 비중 (%)	100	100	100	100	100	100	100	100	100	100	100	100	100	100	100
2차전지소재	62	62	72	72	69	56	76	77	79	81	82	84	68	70	82
전자소재	31	27	23	22	24	31	18	16	15	14	14	12	25	22	14
기타	7	11	6	6	7	13	6	7	6	5	4	3	7	8	4

주: K-IFRS 연결
자료: 유안타증권 리서치센터

그림 211

천보의 2023년 매출은 5,440억 원, 영업이익은 1,000억 원이 예상됩니다. 2019년 매출액 1,353억 원에서 2023년 5,440억 원으로 4배, 영업이익은 5배 성장이 기대됩니다.

[표2] 2차전지 소재 Capacity plan (단위: 톤)

구분	Current	2022	2023E	2024E	2025E	2025 연말 기준
LiFSI (F)	1,000		4,000	5,000	20,000	30,000
LiPO2F2 (P)	2,000	1,000		1,000	1,000	5,000
LiDFOP (D) (22% Solution)	1,200					1,200
LiBOB (B)	500			500		1,000
TDT		200		400	200	800
FEC			3,000		3,000	6,000
VC			3,000	3,000	3,000	9,000
LiPFS (22% Solution)			1,200			1,200
Other			1,130	2,570	3,200	6,900
Total	4,700	1,200	12,330	12,470	30,400	61,100

자료: 천보, 유안타증권 리서치센터

그림 212

2025년 말 기준 CAFA 증설에 따른 총생산 규모는 61,100만 톤이 예상됩니다.

그림 213

신현식 낙폭과대주 유튜브 이용 안내

신현식 낙폭과대주 유튜브 매주 수요일, 일요일 오후 8시 이슈 리포트 방송 진행

https://www.youtube.com/@shin11171

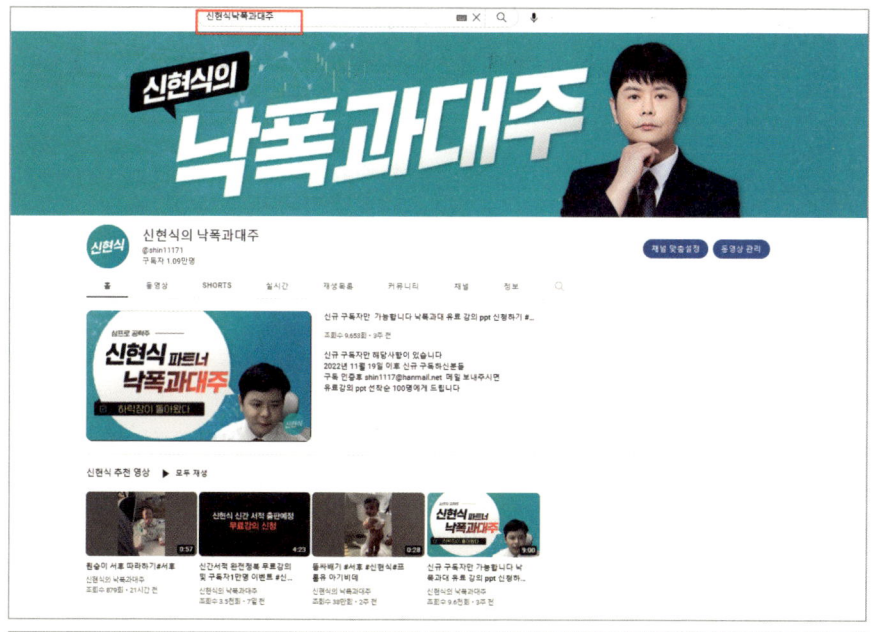

그림 214

유튜브에서 '신현식 낙폭과대주'를 검색하신 후 구독, 알림 설정해 주시면 매주 주식정보를 받아보실 수 있습니다.

그림 215

신현식 파트너가 분석한 재료 이슈 및 많은 정보를 방송에서 드립니다.